All Voices from the Island

島嶼湧現的聲音

沉默

特教學校集體性侵事件

陳昭如

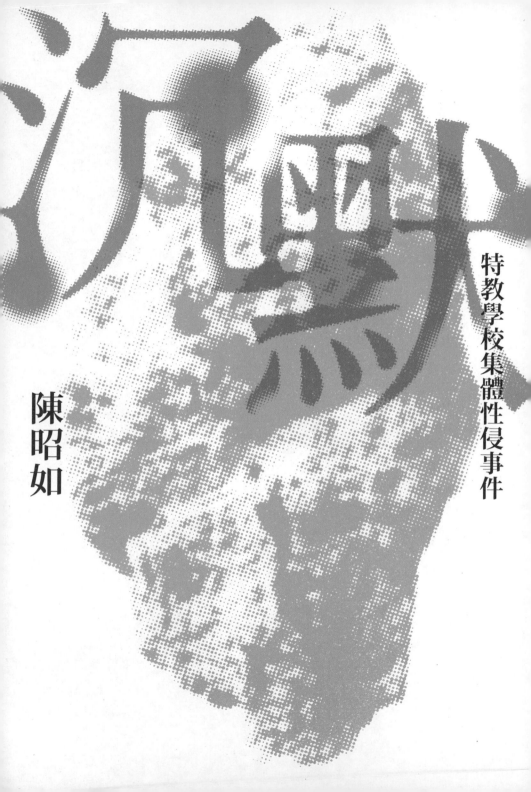

目次

憐憫，值錢嗎？讀《沉默》

幸佳慧

某天，先生下班帶著一個包裹進門，一開口就笑說我有小禮物，是臺北敦化路寄來的。我頭沒回，只低沉應：「喔，我正在想這包裹。它應該是……」聽完，他只「喔」的一聲便不再回話。爾後連續兩天，我除了幾度因「太重了」、「太冷了」、「太可惡」各種心理因素而中斷了密集閱讀，得去一旁穿衣、擦淚、深呼吸外，我試著保持些冷靜，在書上做了不少記號跟筆記。那幾天，我異常寡言，用餐時只對他的工作進度打發幾句，便無心應對；他問我書讀得如何，我只切齒一句：「我確定我更痛恨大人了。」他看著我臉上的猙獰，知道我被「性侵事件」吞噬著，也不語了。

直視傷口，是為了找到理性探討的基石

所謂的標記跟筆記，除了標出情緒上，對涉及事件的一些公務員、教師的說法感到震驚髮指，或對兒童受害的行為與自述感到不捨的難以吞忍外，也在作者陳昭如的敘述間，圈記能拼出事件大貌的相關證據、證詞等因果關聯，試著兜出一個能讓自己感性、理性都有所落腳的觀照圖。

換個位子說，面對這麼錯綜的社會醜聞，任何人在決心涉入此事，為之報導寫書時，就必須扛起這趟旅程裡情感與理智的極致挑戰。我不知道作者怎麼辦到的？我不認為目前的我有這種能力做到，但就我讀來，她很理解這些不同角色與情境的需求，幾乎顧全了。這讓我很佩服。

作者以這次處理案子的人本南部辦公室主任張萍作為引線，在蛛絲馬跡中帶我們層層進入黑洞的底層。

這事，當初我光是讀新聞剪輯的字句就夠不堪了，要進到腐爛傷口裡直視附骨的蛆蟲，並與之對抗，得有份超乎常人的正義勇氣。最勇猛的當屬張萍，數年前她衝在前面開山闢路，才有今天這本書（張萍披荊斬棘的心路歷程又是另一章話了）。但陳昭如的目的，是希望透過書的流轉與長存，讓更多人知道，要本段歷史不被健忘的社會輕易抹

去，況且，這事恐怕都還在暗處發生著。

雖然張萍跟陳昭如都秉著那份正義之勇在揭發天地不容的事，但作者得扮演另一個角色，她不像張萍知道要救的、要攻的分別是誰，她只能假想一群模糊的大眾，而且是一群無知、無感或無力的大眾。所以，她比較像是登山嚮導，帶著我們這群老弱婦孺登山。

大多時候，她對路上景物與生物的判讀解說，有其專業信心——這是來自她資深記者的專業。而有時，在她咬牙登完一座險山，交代完一個事件的環節後，一句極為節制而簡潔的提問，也讓我意會到她並沒有臨高冷望，她跟著我們一起踉蹌跌進河裡猛吃水，為一口氣掙扎翻攪著。

因為，面對這黑暗，任何有良心的人都要跌跤的。但我認為，她讓讀者直視見血也不掉淚的橫肉與血淋不止的傷口，是為了喚出讀者的情感強度，是為了要確定同感同悲的人性存在，好讓「事情不該這樣」的氣憤，找到理性探討的基石。

於是等她轉入另一個曲折洞口，要找出教育體制下如此扭曲變態的始因時，她又小心假設應對，找當事人訪問、記者會紀錄、監察院報告、協調小組協調報告等文件紀錄交叉分析，讓讀者看清該追究的肇事源頭，究竟是出在不健全的制度，還是不健全的人心？

比起在黑暗裡因恐懼而哭泣，我覺得要在黑暗裡找到光源，更是艱難。但作者做了很多功課，提供不少中外相關案例論述，一路對情感已被蹂躪的我們吶喊，撐著我們走完這一程。

覺知廉價的憐憫，才能長出監督事情的心

老實說，閱讀過程有幾度我竟恍惚以為手上拿的是語不驚人死不休的作者寫的、企圖要拿下布克獎的小說，實在是因為惡勢一方的手法太細膩、戲劇性，而受害一方的情節一波未平一波又起。但願，這真的只是一本等著要拿獎、警醒世人的虛構小說而已。

而讀到最後，我已不知道怎麼分類自己在事件裡與報導外的心情了，因為我覺得作者彷彿心疼讀者，還是在結尾處丟了個出口讓我們爬出來，只是那希望之口，是來自一個受害小女孩珊珊（書中化名）的簡訊。那時，我感覺作者、讀者、受害者彷彿融為一體，感受難以分別你我了。

但回到讀者身分後，再次被震驚的是，我們想要自救，還得順著小女孩受傷而模糊的血肉爬出來。頓時，兩行淚又落下，不知該為她喜？還是為己悲？

何榮幸以一名資深新聞工作者的身分，以〈凝視他人之痛苦〉為題為之作序（編按：

見二〇一四年舊版），談他閱讀這本報導文學的心情。這標題，當是呼應十年前影響我甚大的一本書：蘇珊・桑塔格的《旁觀他人之痛苦》。何榮幸的意思是，這書給我們的機會，不只旁觀這事件，更是「凝視」他人苦痛。

十年前，蘇珊・桑塔格寫那本書，揭發了我二、三十年來如何使用「憐憫」的真面貌。一直以來，我們的教育只教會我們將憐憫視為美德，並沒有教我們怎麼審視與面對「憐憫之心」生成與演化的心理機制。於是，它漸漸膚淺，在社會文化裡退化成一片薄薄的「遮羞布」，當醜陋的面貌攤在我們眼前時，我們若非別過頭去，也是迅速拿這塊潔白的憐憫布幕蓋上難堪，頂多再灑上幾朵帶血色的香檳玫瑰，掩飾我們的慘白，然後便抬頭轉身說笑去了。

這樣的憐憫，於是，成為一種自我遮羞的安慰與欺騙眾人的儀式。

閱讀《沉默》這本書，再次的，我先被事件發生的細節脈絡震撼，然後感受到那些受害者，也就是「他人」的痛苦，而產生了此種同情憐憫。但十年前桑塔格教會我知覺這種廉價的憐憫，伴隨憐憫而生的是監督它的羞恥心，於是我拒絕心裡有任何類似「我們無法做什麼」這種聲音浮現，因為那只會陷入旁觀者與憐憫者的內在矛盾，直趨人格分裂的終點，猶如這場性侵悲劇裡的劊子手，那些見死不救、掩蓋事實、為自己利益說謊的公教人員，他們說：

「他們的認知系統跟我們不一樣，他們本來就有病，為何要大驚小怪？」（意思是聽障生有缺陷，才會被性侵或性侵別人）

「沒有人告訴我們要通報，現在為何要怪我們？」

「我只負責教書，不懂法律，也不會調查，而且通報的話我壓力會很大，會有生命危險，所以不關我的事。」

「你不知道這種事很常見嗎？有女學生在入學前，家長就先帶她去把子宮拿掉了！」

「你們這樣追究校方，是嚴重打擊教師士氣，抹煞教師心血。」

「我們也要賺錢養家，沒有太多選擇……大家為何要苛責老師？」

「我顧慮的跟人本不一樣，你們想的是學生，我顧慮的是公務員……」

「你們人本拚命幫小孩打官司，小孩以為被性侵還有錢可以拿耶！」

這些說話者包括特教老師、校長、教育部主任、大學教授、專家、律師等。很難想像，他們吼著我以為是惡獸發出的恐嚇，讓人既難懂也不敢置信。因為這惡，讓人對夾在掠奪者利齒縫裡的碎肉，更加憐憫了。

讓憐憫化作對抗的力量，打破沉默

但這憐憫，值錢嗎？

蘇珊．桑塔格說：「憐憫只是不穩定、不可靠的情緒，它必須轉譯成行為，要不然它只是凋萎……漸漸的，那個人逐漸感到麻木、犬儒、無感。」

我想說的是，不是醜惡的社會事件數量變多，導致我們無能為力；是我們無動於衷的被動，讓我們的憐憫之情病態，而終於廉價，甚至一文不值。而我能做的，是猶如張萍與昭如對醜陋的揭發、對責任的追究。亦即，繼續讓這股憐憫加強自己反抗眼前臺灣系統性問題體制的力度，不能沉默。

我很希望我的分享能推薦成功，讓人願意找這書來讀，因為我們的社會，真的很需要將這種廉價憐憫，轉譯為聲音與行動。臺灣當下有許多困境亦不如此？能沉默嗎？

寫於美國波士頓

編按：本文原發表於二〇一四年三月二十七日幸佳慧個人臉書。二〇一九年幸佳慧不幸病逝，本文由家屬授權予以轉載。

I 序幕

夢魘的開始

1

事情發生的時候，沒有徵兆，沒有預告，一切像在一瞬之間就發生了。她的世界在一瞬之間就此瓦解。

二〇〇五年秋天，南臺灣小鎮充斥著逼人的暑氣，將近三十度的高溫，熱得人直冒汗。

早上七點鐘不到，婉柔（化名）獨自坐在教室裡，因早起的疲倦而感到些許睡意。她趴在桌上，看著窗外尤加利樹枝頭上的葉子隨風搖晃，靜靜感受著悶熱微風帶來的溫度，不知不覺便睡著了。

半夢半醒之間，窗外的風似乎變大了。她模模糊糊睜開雙眼，站起來想把窗子關上，突然被人蒙住面孔與嘴巴，一路跌跌撞撞被拖進教室外的男廁。

空蕩蕩的走廊上沒有半個人。

她嚇得渾身發抖，不敢直視對方眼睛。對方將廁所的門反鎖，捉住她的肩膀，將她拉近自己。她害怕得想大聲尖叫，不知自己是否叫出聲。對方摀住她的嘴，連打她幾個耳光，用腳踢她肚子，使勁把她的褲子往下扯……

她身後鎖著的門外，宛如另外一個世界。

事後，她呆坐在廁所地上，像個被撕爛的破布娃娃，腦子裡一片空白，什麼也記不起來。唯一記得的，只有壯碩的男同學臨去前惡狠狠的眼光，以及手語比出的威脅：如果你敢告訴別人，我就找黑道把你全家殺光光！

被強暴的驚嚇，被毆打的痛楚，被威脅的恐懼，不知所措地在心裡亂竄，找不到出口。她好想鑽到媽媽懷裡大哭一場，訴說自己受到的屈辱，可是卻也不免擔心，萬一對方真的叫黑道把爸媽殺掉，怎麼辦？

她默默整理好衣服，雙眼浮腫地爬起來走回教室。她沒有對任何人提起，覺得自己永遠都不會說出來。那些細節實在是太不堪了，她連回憶都不敢。

白天上課時，她硬打起精神，裝作若無其事。到了晚上，不安和恐懼卻一次次席捲而來：對方掐她的脖子，反綁她的雙手，臨走前威脅的眼神，像是無聲影片在腦海不斷倒帶重放，倒帶重放。隔天早晨，她帶著熟悉的恐懼醒來，模糊記起那惡夢一般的場景，感到羞恥驚慌。

十六歲，正是青春歡快的歲月，她應該快樂的，然而她的感覺卻背叛了她，不聽自己使喚。她變得病懨懨的，虛弱乏力，像是放棄抗拒意志的小動物。媽媽幾次探問是不是學校發生什麼事，她總是頑強地否認說沒有，一溜煙跑開了。她是真怕媽媽會被黑道給殺掉。

那日班導A老師不知何故，在批改日記時特地寫下：「有事一定要跟老師講，我會幫你處理！」

A老師在特教系求學時期主修智障，對手語懂得不多，只會簡單的問好及打招呼。婉柔很喜歡她，總是自告奮勇權充手語翻譯，協助老師與其他同學溝通。看到這段突如其來的留言，婉柔興奮告訴自己，老師要來救我了！當天夜裡，她立刻在日記上寫道：

他來說，要不要上床，跟我做愛，我說不好！……我說：不要帶我去上床。別煩我，頭痛，疼。

第二天，日記交出去了，可是發還時並沒有批改的字樣。婉柔有些困惑，但她告訴自己，老師一定是太忙了，沒時間改日記。

從此，那位叫大文（化名）的學弟不時纏著她，騷擾她，強迫她與他發生關係。每一次，她都害怕得叫不出來，因驚懼而動彈不得，只得咬緊牙關，試著什麼也不想。每一次，她都覺得好無助，因為她知道，就算使出全身力氣嘶叫，也沒有人會來救她，因為同學跟她一樣，什麼也聽不到。

原來，她是相信有神仙或菩薩的，現在她覺得，除了惡魔以外，沒有人在身邊。

她變得沉默，愈來愈沉默。

※　※　※

春天來的時候，校園有如沉睡般的樹木，紛紛綻放出新葉與粉嫩的花朵，一切好像又重新開始了。

滿身創傷的婉柔心底彷彿也生出新的力量。她鼓起勇氣，寫了張紙條給A老師：

昨天早上……我回來學校沒有人去教室，我自己一個人走路看到沒有人……有一個男生的名字叫大文……來兩次來叫我上床要不要，我說不要，他被我做愛，別煩我……A老師不要告訴大文……以前他說我別告訴我媽所以告訴老師，罰大文以後，大文會生氣告訴黑道老大很多男生……大文和黑道老大的朋友殺手刀我……。我很煩昨天晚上我睡不著，今天我希望要告訴老師。可以法律的話。

A老師依舊保持沉默。

婉柔怎麼也想不透，為什麼A老師都沒有反應？難道是她寫的老師看不懂？她好想去找老師問清楚。時間一天天過去，大文一而再、再而三地侵犯她，她束手無策，拿不定主意，卻無法停下念頭不去揣測，為什麼老師默不作聲。

她直接去找老師問個明白。A老師憤怒拍桌，厲聲說道：「如果老師幫你，誰幫老師啊？」

驚訝、恐懼、混合著寂寞的感覺，像沙塵暴的漫天黑塵，以鬼魅般的流動速度細微地滲透包圍過來。她一直以為只要說出來，一切都會改變，可是，她錯了。

直到那日，媽媽突然發現婉柔雙手埋在下腹，露出痛苦的表情，問她怎麼了？是不是不舒服？婉柔眼裡露出驚恐，她使出全身力氣，硬生生將媽媽推開。

向來與女兒十分親暱的媽媽直覺一定是出事了。她勉強讓自己露出笨拙的微笑，用手語表示：不要怕，發生什麼事，告訴媽媽。

婉柔不住搖頭，緊緊咬住牙，不讓自己哭出來。

媽媽伸出手，緩緩將婉柔拉向自己，問她了一次，兩次，三次。

她發現婉柔下體有如火燎一般，一片腥紅，彷彿要開出朵朵玫瑰。

2

婉柔就讀於南部一所專收聽障學生的特殊學校，全校有三百多名學生，大家大多住在學校，只有週末才回家與家人團聚。同學從小學就在這裡讀書，直到高中畢業，大夥同吃同住又一起上課，情感十分緊密，加上彼此又有共通的語言（手語），很能分享與交心，簡直比家人還要親。

剛住校時，婉柔對於入夜之後可與同學竊竊私語，互相交換情報感到快樂。可是時間久了，她發現宿舍除了床位外加衣櫃，幾乎沒有私人空間，浴室一律沒有門，只有一層薄薄的布簾，「隱私」成為不可能的奢求。她曾目睹生輔員半夜查房時，捉姦似地突然掀開被單，像是逮捕現行犯。此外，看似緊密的同儕情誼背後，有時亦隱藏著難以言喻的潛規則，例如強凌弱、大欺小，被欺負的人只能選擇隱忍。

她很看不慣，吵著要爸媽讓她轉學。

這時學校面臨招生不足的危機，正想方設法四處招生，既有學生更是一個也不能少。校方聽說婉柔想轉學，三番兩次派人說服爸媽說，我們有專業師資及特殊設備，如果轉到一般學校的資源班，恐怕沒這麼好的條件；如果婉柔不喜歡住校，也可以考慮通勤啊。

「我白天要上班，一大早就得把女兒送來，這樣沒問題嗎？」爸爸仍有疑慮。

「放心，學校都有警衛，很安全！」出面說項的某主任拍胸脯保證。

為了讓愛女能受到良好的專業教育，加上某主任的再三保證，爸爸每天花很長的時間，從外縣市住家親自開車載婉柔上學，再開回公司上班。同學都知道婉柔有個每天負責接送、風雨無阻的好爸爸，校長還公開讚揚他是「模範父親」，令人稱羨。

就這樣將近兩年多的時間，什麼事都沒有發生。直到那個秋天的早晨。

媽媽發現婉柔被欺負，立刻打電話質問A老師為何置之不理？A老師說，她以為是「男女同學的性邀約」，不方便過問。氣憤難平的媽媽掛上話筒，B校長就打電話來請媽媽「高抬貴手」了，還說，既然事情都發生了，乾脆讓兩個孩子結婚算了！[1]

導師視而不見，校長竟也打算私了？媽媽按捺不住內心的憤怒，狠狠撂下一句：

「就算把我女兒踩碎了拿去餵豬，也不會讓她嫁給那個人！」

第二天，媽媽帶著婉柔到警察局報案，A老師及學校某組長也趕來了。他們一再強調校方事前毫不知情，並委婉暗示如果把事情搞大了，未必有什麼好處。

秋日陽光斜照進來的警局，一陣沉默瀰漫在他們之間，只聽得到警員抄寫筆錄時沙沙作響的聲音。某組長臉色緊繃，眼睛警惕地四處逡巡，媽媽不自覺把頭低下來，迴避對方的視線。

媽媽用眼角餘光看到某組長悄悄用手語問A老師：你事前是否知情？

A老師脹紅了臉，輕輕點頭。

懂得手語的媽媽頸背上的汗毛都立了起來，彷彿目擊了比殺戮還要殘忍的現場。

3

黃俐雅始終記得第一次見到婉柔的模樣。

那日婉柔在媽媽及阿姨的陪伴下，來到人本基金會南部辦公室求助。在黃俐雅印象裡，那是個「美到可以當偶像劇演員」的少女，精緻的五官與清澈的眼神，十分討人喜歡。這個頭嬌小的女孩面無血色，虛弱到像是要人攙扶才站得起來，媽媽則是一臉遲疑，像是不知該從何說起。

「慢慢說，我們會盡量幫你。」黃俐雅說。媽媽帶著女兒來基金會求助，通常不是性騷擾，就是性侵案，黃俐雅是老經驗了。

媽媽的嘴禁不住發抖，眼淚不斷流下。

黃俐雅是人本南部辦公室的老將，她與好夥伴張萍處理過許多校園性平案。這回碰到「生對生」的案子，行為人與受害者又都是聽障生，她們有點意外，也有點緊張，更不敢大意。

透過媽媽的翻譯及筆談，婉柔漸漸卸下心防，將自己被性侵的經過一五一十說出來，包括次數，地點，對方強迫她擺出的各種姿勢……

「她每說一句，我的心就像被美工刀割了一次，」黃俐雅形容那時的心情：「連續九個月被侵犯了八次，而且都發生在學校裡，怎麼會這麼離譜？」

婉柔媽媽拿出校方出具的校安通報單，更讓黃俐雅與張萍當場傻眼：

女學生這麼早到學校校方不知情，致釀成憾事。本校通知學生和住校生都在七點三十分到校，今後若有家庭因素必須早到的同學，訓導處會安排列冊集中留置在辦公室，訓導人員和導護輪流加強巡視校園，特別是幾個死角……聽障生與導師的溝通解讀未必一致，五月四日（指婉柔寫的紙條）導師也看不懂學生講什麼與寫什麼。

某主任校園安全的保證呢？校長肯定模範父親的光環呢？難道他們說過的話，都不算數？

黃俐雅直接打電話給B校長，表明人本受媽媽請託，要求校方依據《性別平等教育法》（簡稱《性平法》）規定進行調查，[2]釐清責任歸屬。

B校長驚訝地說：「都已經報警了，學校還要調查嗎？」

黃俐雅告訴B校長，如果不依法進行調查的話會被懲處，善意提醒他最好把《性平法》看清楚，並將一份完整法規傳真至校長辦公室。

B校長接受黃俐雅建議展開調查，但不是依法交由學校性平會執行，而是自組七人小組進行調查，並且毫不避嫌將自己列入小組名單之中。大文接受調查坦承犯行時，B校長更不斷用眼神示意要他別再多說，甚至在他陳述侵害婉柔的過程時，竟當場大喊「他不是這個意思」、「學校很安全，不可能發生這種事！」[3]

這樣的校長，這樣的調查，真讓人大開眼界。

神通廣大的記者不知從哪裡得到線索，直接找上婉柔媽媽打聽案情，就連婉柔與大文的名字及他們的地址都一清二楚。媽媽急急向人本求救，個性率直的張萍警告對方：「當事人都未成年，如果你們敢洩露他們的身分，就等著吃官司！」

隔天，幾家媒體均做了大幅報導，還好，婉柔與大文的身分並沒有曝光。只是校方的回應，實在讓人欲哭無淚：

女學生家長表示，女兒在這段期間，曾寫字條向老師求救，卻沒有回應，學校方面則表示女學生是在上週才告訴老師，但要老師「保守祕密」，而且學校也不知道女學生每天都很早到校，才沒有特別留意學生行蹤。[4]

媽媽感到一種力量單薄、無能為力的孤獨。她不再要求學校給她合理的答案，因為答案就是擺在眼前的事實：千錯萬錯都是學生的錯，學校沒有任何疏失，不必負任何責任。

最後，大文被判處三年有期刑期。

挨過多少個上法庭的日子，媽媽以為最痛苦的階段已經過去了。可是她錯了。休學在家的婉柔經常睡不著覺，睡時也一定得開著燈。她每天清晨四、五點鐘起床拚命刷洗地板。她洗澡總要洗上一、兩個小時，像是怎麼樣也洗不乾淨。她害怕與人有肢體接觸，有人不小心碰到她，就會失聲大叫。

創傷後壓力症候群一旦纏身，就再也回不到從前了。媽媽一面小心翼翼呵護著女兒，一面不禁慨嘆，大文固然非常可惡，但若不是校警沒有巡邏，校園治安有死角，怎麼會發生這種事?而且是一而再、再而三地發生?

「我們跟媽媽都很氣啊,學校沒有監視器,廁所沒有加裝緊急鈴,老師又沒有及時通報,很明顯是違反《性平法》嘛,」張萍回憶說道,「出了這種事,明明就是學校的責任,為什麼後果卻是由孩子及家人來扛?」

黃俐雅與張萍思考透過打國賠官司,讓學校負起失職責任,藉此喚起社會對校園安全的重視。為避免更多無辜孩子受害,通情達理的婉柔爸媽接受建議,並決定撤回對大文的民事賠償訴訟。

那時沒有人知道,原來這起不幸事件,只是該校性侵案件冰山的一角。

1 事後B校長數度否認說過這樣的話。但據監察院一〇一年八月十七日院臺教字第1012430483號糾正文：「參與案件調查之〇於本院約詢時亦稱：校長說已經跟加害人之媽媽講好，要把女方嫁給他，是校長去協調的，是女方的家長不知好歹，才會麻煩調查小組等語」，監察院認為受害者母親所稱「校長帶錢要當事人和解，並曾表示讓孩子結婚等語」足以採信。

2 根據民國九十三年《性平法》第二十一條規定：「學校或主管機關處理校園性侵害或性騷擾事件，除依相關法律或法規規定通報外，並應將該事件交由所設之性別平等教育委員會調查處理。」

3 某調查小組成員在接受監察院約詢時，證實B校長有類似說法。來源同注1。

4 東森新聞電子報，二〇〇六年五月十一日。

II 震耳欲聾的沉靜

一、航行於冰山之間

1

有件事，妥妥貼貼藏在小元（化名）爸爸心底好一陣子了，只要想起來，就覺得四周有如蒙上薄霧般的陰影，讓他無法與任何人談起。

他常去特教學校探視小元，順道帶點水果點心給其他孩子。每次見到他來，與他相熟的孩子總是熱絡飛奔過來直撲他懷裡，撒嬌似地賴在小元爸爸身邊，搶著跟他說話。這樣的溫暖與善意，老師自是看在眼裡，漸漸把爸爸當成自己人，直接批評校方種種舉措。

哪個上班族不抱怨啊？爸爸聽了只是笑笑，沒有放在心上。然而，老師告訴他的故事愈來愈多，情節也愈來愈離譜，他們說，學校宿舍裡「出過事」，老師視若無睹，不想插手。爸爸半信半疑地聽著，沒有吭氣，只是聽說這樣的事，心裡難免毛躁。

有些事不用明說，只要見到，必可明瞭。一個藍天裡連一片雲都找不到的日子，爸爸趁著午休去看小元，撞見三名男同學在樓梯間猥褻女同學。十來歲的孩子，竟然在大白天公然做這種事？而且就在校長室旁邊？他內心止不住發抖，急急跑到辦公室通報。某老師頭也不抬地埋首公文，以不帶任何抑揚頓挫的聲調說：

「小孩子在玩而已啦，不必那麼緊張！」

爸爸反覆想了幾天，愈想愈不對勁，將事情原委告訴平時還算熟稔的某老師。對方壓低了嗓子說：「你不知道這種事很常見嗎？有女學生在入學之前，家長就先帶她去把子宮拿掉了！」

一道冰涼從頭頂漸漸滑向背脊。小元爸爸這輩子從來沒有那麼恐懼過，同時也感到危險的警告。

從此，爸爸全身上下每一根神經都提高警覺，更常到學校「查勤」了。或許是探訪次數多了，開始不時目睹不該出現的畫面：有老師上課自顧自地玩手機，放任學生不理不睬，還有老師脫了鞋，大剌剌將腳擱在椅子上授課。他要求學校改善，沒得到任何回應，但「小元爸爸很敢講話」的名聲從此不逕而走。

二〇一〇年夏末，幾位家長主動找上小元爸爸，表示有智障生被老師擋在教室外面，連續幾個月不能上課，有聽障生因職員管理疏失導致失明，有孩子被老師打傷縫了好幾針，校方撇清所有責任，反倒指責家長說：「是你們小孩有問題。」他們希望小元爸爸幫忙出點主意。

爸爸想起在電視上看過人本基金會召開記者會，好像還滿有正義感的。他徵詢朋友意見，又上網搜尋，發現人本不接受政府補助，應該不會「怕事」才對，便陪著其他家長到人本求助。

「天啊，怎麼又是這間學校！」接獲消息的張萍忍不住哀嚎起來。

自從發生婉柔的事，只要提起該校，張萍的心總是糾結成一團，久久無法釋懷。尤其二〇〇七年婉柔的案子開始打國賠官司，校方為了卸責，拒絕發還婉柔的日記，聲稱性平調查小組的錄音資料「業已遺失，無法提供」，各種違反常理的作為，族繁不及備載。這回聽聞該校又出事，她不意外，只是心疼，她以為自己有義務，也有責任，替孩子討回公道。

在協助處理案件期間，張萍正直、嚴謹，做起事來有如拚命三娘的性格，讓小元爸爸感念在心，也猶豫著是否該把「那件事」告訴她？他擔心若向人本爆料，小元在學校會不會被欺負？這樣的疑問始終徘徊不去，幾次話到了嘴邊，又硬生生吞了回去。

秋日起風的時候，爸爸聽說學校又發生幾起性平案，連調查都沒有調查，更遑論成立性平調查小組了。他主動詢問此事，校方的答覆是：只要學校性平會認定事實，就不必調查。剎時之間，他才領悟到這幾件案子及親眼目睹的猥褻，恐怕不是偶發事件！

從此，苦痛與憂愁天天陪著小元爸爸入眠。雖然受害的不是小元，但他持續保持沉默下去，是否會讓其他孩子受害？如果他睜一隻眼，閉一隻眼，跟那些漫不經心、能混就混的老師又有什麼差別？

猶豫了好幾個月，他再也無法假裝若無其事，決定陪同受害家長去找張萍，將實情娓娓道出。

「怎麼會這樣？」張萍覺得自己全身的力量，都在應付胸腔裡幾乎隨時要爆炸的悸動。她在教育圈這麼久，世面見得夠多了，她覺得這幾位家長的態度很真誠，不像在說謊，而且，他們也沒有必要編出如此駭人的謊言。

如果家長沒有說謊，那麼問題就大了。

※　※　※

那時張萍正打算休長假，好好休養生息。沒想到這個節骨眼竟冒出這麼嚴重的案子，把她的心攪得一團亂。

張萍在人本工作十年，手上永遠有處理不完的校園申訴案，一年到頭馬不停蹄穿梭在臺灣各地協助處理，陪同出庭，一臺可愛的寶藍色小車開不到兩年，里程數已經累積到七萬多公里。人本執行長馮喬蘭半開玩笑說：「怎麼只要有你在的地方，案子就特別多啊？」雖然是句玩笑話，也表示她處理申訴案已做出口碑，只要有事，大家都知道可以找她幫忙。

「我從小就是那種路見不平、拔刀相助的人，」留著一頭俐落短髮、就跟她的人一樣很有「俠女」風範的張萍坦承：「我是那種很『雞婆』的人，如果有人被欺負，我馬上會跳下去跟對方理論。」

大學聯考填志願單時，她清一色填的都是法律系，一方面是為完成做了一輩子書記官父親的心願，一方面也很符合她天生的俠義性格。政大法律系畢業，她並未留在法界服務，反倒是日後「不小心」進入人本，又「不小心」負責處理申訴案，學生時代修習的法律專長才再度派上用場。

分析瞭解案情、提供法律諮詢並不難，難的是受害孩子的故事聽了又聽，張萍的心亦深受折磨損傷。每次陪孩子開庭，她的胃總會劇烈翻攪，疼痛不止，開著車子四處奔波的路上，也經常莫名其妙掉淚。

一次陪同孩子開完庭，她獨自行駛在返回辦公室的路上，車上放的是巴奈的〈流浪記〉，當她聽到「我以為我並不差，不會害怕，我就這樣自己照顧自己長大，我不想因為現實把頭低下」時，忍不住在車子裡放聲大哭——不只是為了那天開庭的孩子，更是為這些年來接觸過無數兀自在暗夜裡哭泣的孩子而哭。

她報名參加「悲傷與失落」工作坊，透過專家的指引，釋放並療癒內心不能說、也說不出口的替代性傷痛。「整整兩天的課，我哭了大概有一天半吧，一條手帕哭得溼答答的，根本就乾不了。」她有點不好意思地承認。

她知道自己快撐不下去了，必須讓腳步停下來，好好休息一陣子。這次特教學校又發生狀況，她很想留下來幫忙，疲憊的身心卻讓她不確定是否能負擔。這時戰友黃俐雅剛好留職停薪一年，辦公室沒有其他人接手，怎麼辦？

她反覆思索了幾天，遲遲做不了決定，徵詢馮喬蘭的意見。馮喬蘭瞭解她承受了很多壓力，很需要喘口氣，可是這案子一聽就很不單純，很需要有經驗的人幫忙處理，她不想逼張萍，也不知道怎麼辦。

後來張萍自己招認：「學校這個樣子，我實在看不下去啊，那些小孩很慘耶，要我怎麼忍啊？」最後兩人商議讓張萍留職停薪，以專案方式負責。

張萍有種特質，只要坐在她旁邊，你會覺得很安全，很溫暖，一切讓人心安。當她開始密集拜訪案家，很快讓陷入慌亂的家長有如找到浮木，也讓原本防衛的孩子卸下心防，將真實情況娓娓道出。

她聽到的，是一樁樁無法理解的事實。學校怎麼會放任學生為所欲為到這種地步？她決定親自跑一趟學校拜訪C校長。

C校長從二〇〇九年八月開始接替提前退休的B校長的職務，也是該校首位沒有特教背景的校長。向來快人快語的張萍見到他，開門見山問道：「你們學校怎麼出那麼多事啊？」

C校長連忙應了聲「對啊」，不慌不忙拿出鑰匙，打開上鎖的抽屜取出文件，逐一唸出每起案情，表示他完全知情，正在積極處理，並解釋學校已加裝大量監視器，在宿舍門口掛鈴鐺，就連身心障礙廁所的門也都上鎖，學生得向老師索取鑰匙才能使用。

C校長能言善道，看起來是個明理的人。張萍仍有疑惑，發生這麼多案子，為什麼學校不按照《性平法》處理？為什麼C校長只想用硬體設備來防堵犯行，而不是從教育角度著眼，告訴學生這麼做不對？

「按照規定應該要組調查小組調查，你們怎麼都沒按照規定辦理啊？」張萍問道。

「家長都道歉了，還要調查嗎？」校長一臉驚訝地說。

又是個不懂法令的校長！張萍耐住性子解釋《性平法》內容，並認真提醒對方：「受害家長現在覺得不用調查，萬一將來後悔了，這個行政責任會算到你頭上。萬一監察院追究你沒有依法行政，怎麼辦？」

C校長立刻爽快承諾：所有案件全部重新調查！

張萍鬆了口氣，心想，「新官上任」果然不一樣，她衷心期待這位年輕有為的新校長能一改積習已久的姑息文化。不料C校長的口頭承諾不算數，有的案子是重啟調查了，有的案子卻沒有，而且短短兩個月之內，校內又增加了四起新案。

與公部門打過交道的人都知道，公務員天不怕地不怕，就怕立委及記者。人本迫不得已，請向來關心障礙議題的陳節如立委出面，與該校及教育部中部辦公室（現國教署）召開協調會。校方終於承諾一定會依法處理。

二〇一〇年底，該校「性別平等教育委員會」正式啟動，並從「教育部校園性侵害性騷擾性霸凌事件專業調查人才庫」調派校外教師，與校內兩名老師共同組成調查小組，重新正式展開調查。起初調查小組以為，青春期的孩子誰對性沒興趣？會不會是大人太敏感了，想錯了方向？不料日後學生的證詞，卻隱隱指向令人無法置信的事實。

2

張萍坐在速食店裡，盯著因灰塵積聚而模糊不清的窗玻璃，等待正祥（化名）及爸爸過來與她會面。

正祥是個叛逆不羈的孩子，在學校常以「老大」自居，同學都很怕他，老師也拿他沒輒。這回傳出他性侵同學，老師不太意外地告訴張萍：「唉，單親小孩就是這樣。」張萍聽了很不服氣，可擔心這個架愈吵愈糾纏不清，而且也無濟於事，勉強讓自己閉嘴。

夜幕降臨，路燈已經點亮時，爸爸匆匆走進咖啡廳，跟在他後頭的小男孩，應該就是正祥吧。爸爸剛坐下便焦急地說，正祥被退宿了，學校又逼著他轉學，爸爸擔心得都要生病了。

爸爸靠打工養活全家，生活的辛苦，讓他沒有多餘精力照顧這個天生聽障的兒子。正祥捅出這麼大婁子，連學校都不要他了，爸爸不知道怎麼辦。張萍連忙安撫他，表示願意協助處理後續事宜，才讓他稍微安下心來。

幾天前，張萍才去看過海天（化名），他比正祥小三歲，念三年級。海天透過媽媽手語翻譯跟張萍說，正祥常在夜裡把他帶去廁所，用嘴「親他尿尿的地方」，並在事後警告他：「如果你跟老師講的話，老師會說你騙人。」海天說，他不喜歡這樣，可是正祥很凶，又會打人，他不敢反抗。沒想到海天的「不敢拒絕」，竟被校方認定兩人是「合意」，事後既沒通報，也沒調查。

媽媽傷心地說，學校裡誰不知道正祥是老大，海天哪敢不聽他的？何況無論是年齡或塊頭，正祥都比海天大太多了，怎麼會是「合意」呢？沒想到老師安慰媽媽說：「對方已經被退宿了，我看，就算了吧。」媽媽很心痛，也很不服氣，但她只是個弱女子，能怎麼辦？

正祥爸爸及海天媽媽的痛苦，正是張萍最無法理解、也無法諒解的地方。學生發生這種事，校方最該做的不是加強性教育及心理輔導嗎？他們卻只要求施暴學生鞠個躬道個歉，或是索性把他趕出學校，好像所有是非恩怨便可一筆勾銷。

看著緊挨著爸爸、眼裡流露憂愁與恐懼的正祥，張萍感到一陣酸楚湧了上來。這個老師心目中「罪大惡極」的學生，只是個十二歲的孩子，為什麼會變成這樣？她試著跟正祥聊聊，他只是有一搭沒一搭地說，他不喜歡學校，覺得上課很無聊，是那種防衛心很強，不容易親近的孩子。張萍心想，或許在老師眼裡，這是個目中無人、桀驁不馴的壞學生，她覺得正祥只是沒有自信，沒安全感，不得不躲在無法穿透的屏障後面，不想讓人一眼看穿。

隔了幾天，她把父子倆約到辦公室，刻意找機會與正祥單獨聊聊。她對正祥說：「我知道你不是故意的，你不知道這麼做會傷害人，對不對？所以，阿姨希望你把事情說清楚，這樣我們才能讓大家瞭解不可以隨便傷害人，也才不會受到傷害，好不好？」

正祥眼神中閃動著猶豫不安。不知過了多久，才默默拿筆寫下：被人家強迫玩小鳥，很痛苦。

「那是什麼時候的事？」

「小二。被強迫的。」

張萍全身戰慄，完全沒有辦法思考。原來正祥也是被害人！

調查小組進行約談，為了讓正祥及爸爸安心，張萍全程陪同出席。正祥的反應異常平靜，調查老師問他，你欺負人的時候有什麼感覺？正祥只是聳聳肩，沒有任何表情，從頭到尾都不太理會提問。

張萍寫紙條問他：「是不是大家都看著你，你不好意思說？」正祥瞄了一眼紙條，輕輕點頭。老師建議，既然孩子不想說，讓他用寫的好了。正祥猶豫了一會兒，緩緩寫下「跟婷婷玩色狼」幾個字，就不再寫了。一切又變得停滯不前。

教室空曠而安靜，時間在苟延殘喘。原來負責會議紀錄的老師忍不住跳出來，說，讓我來試試看吧。然後，他對著正祥快速打起一連串手語。

正祥眼睛亮了起來，並快速以手語回應，這突如其來的舉動，把整間會議室的沉悶給照亮了。原來，先前負責手語翻譯的老師打的是文法手語，正祥並不熟悉，後來老師打的是自然手語，[1]正祥總算看懂，也比較願意說了。他坦承對婷婷「做過不好的事」，有四次，一次在圖書館，三次在校車上。

在場所有人都驚訝地說不出話來，原來，大家只知道在圖書館發生過一次。最後調查結果證實，正祥涉及七起案件，包括性騷擾、性猥褻及性侵害。

經過四個多鐘頭的調查，一早就出發來開會的張萍已經快累癱了。臨去前，她特地繞到學校圖書館看了一下，發現書櫃、鐵櫃的擺設方向造成很多死角，整個空間沒有穿透性，難怪會成為校園安全的死角。可是校車呢？車上不是都有隨車老師嗎？怎麼還會出事？

入夜了，偌大的操場只剩下樹的光影滿地搖動。張萍拖著沉重的步伐緩緩往停車場走去，平常只要五分鐘的腳程，那晚，她硬是走了十五分鐘。

3

年紀這麼小的學生，真的會做出這種事嗎？

起初調查小組以為情況沒那麼嚴重，正如許多老師說的：「他們只是在玩而已。」然而透過行為人、受害人、老師、生輔員等多方證詞交叉比對，他們發現學生之間普遍存在著大欺小、強凌弱的關係，讓年幼或瘦弱的學生不得不屈從於強者的權威，任人霸凌或性侵，而且出現不安、失眠、甚至自殘的情形。

那時候是在吃晚飯前，國二也有。國二上有，上個星期也有，我不喜歡這種事，但是他會凶我，所以我不敢拒絕。這些事我沒告訴過父母，因為我覺得要忍耐，而且媽媽會罵我……〇〇〇如果再找我口交，我會說不用，可是〇〇〇如果說要忍耐，我就會答應。做這些我從來沒哭過，想哭，但是要忍耐。（某國二男生）

〇〇〇抓著我對我進行指侵，因為他很用力我很痛就大叫，可是沒人聽到，他叫我不可以說，有一次差點就要打我，像黑道一樣。後來他沒有跟我道歉……他們對我做不好的事的時候，都在笑，我覺得好悲哀！（某國二女生）

校車上，〇〇〇叫我把◇◇◇抓住，△△△抓◇◇◇的手，我抓腳並且打開◇◇◇的腳，〇〇〇就脫她的長褲，然後伸進內褲裡面……後來〇〇〇又把手伸進◇◇◇的衣服摸胸部，摸很多次，我也把手伸進◇◇◇的衣服摸胸部，△△△也摸……這種事幾乎每天早上從某地到某地的路上都會發生……〇〇〇在做這些事的時候，我會負責把風。（某國二男生）

我在宿舍曾經被欺侮，但是沒告訴父母……他對我做的事，他叫我不可以說……

做這種事我覺得好髒，當時我有拒絕，可是他不聽，然後我不想做，他就打我肩膀和背部。事發當天我有哭。其他的事，我不好意思說……做這種事我覺得好想吐。每次他什麼都沒說就直接做，我覺得這種事是不對的。這些事都是一年級上學期九月到現在發生的。（某國一男生）

二、三、四年級的時候，○○從上面伸手進我的衣服摸我的胸部，摸了很多次，每次都大概摸二十秒，所以不是不小心摸到的，這種事讓我很不舒服……說這些事的時候覺得很不好意思，叫我再說一次我會哭。每次講到這種事我就覺得很難過。每次他摸我的時候，我都不敢拒絕，因為他很凶所以我很害怕。（某小五女生）[2]

當青春期的騷動有如狂風暴雨般侵襲身體，青少年自然會渴望另一個人的撫慰，若沒有正確的性知識及引導，很容易過度早熟嘗試性的恣肆。奇怪的是，發生過那麼多案子，地點又遍布校園各處，老師怎麼會毫不知情？

每個問號的背後，都是令人不敢置信的答案。

四年級有一次，我看到○○○摸△△△的胸部和下體……告訴宿舍◇◇◇老師時，他不想聽我說話。我五年級時也把這種事告訴◎◎◎老師，◎◎◎老師有聽我說，但◎◎◎老師說〇〇〇很好。所以◎◎◎知道校車上發生的事。（某小六男生）

我看到調查小組的老師來很高興，因為我覺得老師幫我很多，其他的老師都不聽我說的話，上個星期四晚上，我本來跟〇〇〇睡一起，△△△老師叫我睡遠一點，我不聽，他就打我又踹我肚子，我覺得好痛，這件事我告訴爸爸了，可是◇◇◇組長和◎◎◎老師都不相信我說的話。我怕告訴你們這件事之後會被老師處罰。（某小六男生）

六月十九日早上八點三十分宿舍〇〇〇老師打電話（06-291×××兩通）給我，之前也打過。他說今天△△要來受訪，宿舍的事要△△都說不知道……早上我覺得〇〇〇老師打那通電話，他在閃一些事。（某家長）

我覺得人的本能所產生的偏差行為，需要輔導……調查小組不能涵蓋所有指揮權，調查小組若有需要，要有一定的程序。只要校長批示同意，我就可以給……我沒有通天的能耐，可以保證沒問題。（某主任）

校車的事我知道，那時候只有我一個人跟車，學生很多我很難管。○○○伸手進△△△的衣服摸他三、四次，我曾經制止，但他們不聽。我告訴◎◎◎，但他說是小事，叫我不要寫在記錄簿上。所以才拖到現在，等學生畢業就過了。宿舍發生的事全部都告訴◎◎◎，由他負責告訴行政人員，而且他叫我不可以到處亂說。這些事都只告訴◎◎◎，沒告訴其他人。（某生輔員）[3]

受傷的孩子眼睛發出閃耀的光芒，就像在黑暗的海洋發出救難訊號。可是老師的視若無睹，讓光芒逐漸變得微弱了。

顯然，某些看似平靜的事態被驚擾了。

調查小組猶如在冰山之間航行。雖然他們只看得到冰山一角，但可以確定的是，大部分隱藏在海面以下的冰山，有如一座座銳利的刀山，他們必須小心翼翼地調整船帆，在危機四伏的冰山與流冰之間緩緩前進。

否則一不小心，就會粉身碎骨。

1「自然手語」是採用形象表達，有點類似象形文字，而「文法手語」是以文字表達，採一個字一個字翻譯的方式，因此有些詞句較難具體化。一般來說，聽障人士彼此溝通以自然手語居多，至於學校教學則以文法手語為主。

2 以上引自「國立〇〇〇學校性別平等教育委員會第1000314號案調查小組調查結果報告書」頁四二、頁十一、頁五三、頁二一。

3 同前注，頁十二、頁三八、頁六六、頁五八、頁十三。

二、遮蔽的天空

1

傷害與被傷害，是人生難以避免的課題，重要的是如何回應創傷——是承認它，還是壓抑它。有人坦然承認創傷，並想方設法淡化它的影響；也有人不計一切代價避免再次受傷，而他們的做法，卻是傷害別人。

張萍得知正祥受害那天，灰濛濛的天，下著細雨。她不由得揣想：正祥被欺負那天，是否也是這樣一個溼淋淋的日子？不知怎麼的，她突然想起了大文。因為婉柔的不幸，讓她一直對大文很不諒解，直到正祥從「受害」轉為「加害」的事實擺在眼前，她才赫然想到，大文會不會也是從「受害」轉為「加害」，就跟正祥一樣？

她彷彿預見未來有更令人震驚的事實而憂愁起來。

※　※　※

時序回到二〇〇七年。張萍與黃俐雅建議婉柔案或可嘗試申請國賠時，人本辦公室內部出現不同意見，例如時任專案祕書的蕭逸民便持反對態度。

「一般『師對生』的案子都很難告成了，像婉柔這種『生對生』、又沒有前例的案件，我實在沒有把握。」蕭逸民以為基金會人力物力有限，對於是否要全力投入不可能贏的案子，他有所遲疑。

蕭逸民冷靜分析事理，權衡利弊得失，認為打這種官司沒有勝算。但心焦如焚的張萍卻以為，學校廁所沒裝緊急鈴明顯違反《性平法》，A老師隱匿未通報有嚴重疏失，應該還是有希望。蕭逸民雖未被說服，仍決定力挺同事，死馬當活馬醫。

按照程序，申請國賠必須先召開協調會。第一次開協調會，代表家長出席的黃俐雅與蕭逸民就覺得很不對勁，明明是跟學校談判，為什麼約在律師事務所，且會議主席是校方律師？

待眾人坐定，B校長雙手一攤，表情盡是無奈：「我對你們已經很好了，事情為什麼要弄到這個樣子？你們不知道，這種事都是這樣處理的嗎？」

B校長一開口，蕭逸民便判斷這位校長說話坦率毫不修飾，未必是件壞事。他以一貫溫和冷靜的口吻，輕描淡寫地說：「婉柔好幾次在日記、聯絡簿上發出求救信號，A老師也都簽名了，你們還敢推說什麼都不知道？」

B校長沒開口，倒是A老師臉色鐵青問道：「你們怎麼知道？東西不是都在我們手上嗎？」

原來校方仍握有利於婉柔的證據！蕭逸民見機不可失，立刻要求校方歸還婉柔日記，校方說什麼就是不肯拿出來。最終協調未果，只得法院解決了。

會後律師要出席者在會議紀錄上簽名。黃俐雅隨手翻開紀錄，咦，剛剛明明討論到學校扣留婉柔日記的事，怎麼紀錄上都沒寫？她提出疑問，律師相應不理，她要求將此事列入紀錄，律師無動於衷。

「那種心情，只能說是……悲憤吧！」黃俐雅嘆息了，無奈表示：「我記得自己是一個字、一個字告訴對方，雖然紀錄上沒有寫，可是你們都在這裡，天知、地知、你們知道、我們也知！」

國賠進入訴訟階段，大小事全由張萍與蕭逸民一手包辦。他們一面努力蒐證寫起訴狀，一面不斷思考，打國賠的目的是為了凸顯學校管理出了問題，如果婉柔是因校方管理疏失而受害，那麼大文呢？他又是個什麼樣的孩子？為什麼犯下如此大錯？

他們決定去拜訪大文及他的家人。

大文總是表現出對任何人、任何事無動於衷的樣子，就算有人坐在他的面前，還是面無表情，渾然不覺到像是看不到。至於大文媽媽，一望即知是善良辛苦的人，她說兒子憨憨的，學什麼東西都很慢，她一直以為是「大隻雞咖慢啼」，等年紀大一點就好了。直到大文十二歲被診斷出有聽覺障礙，她才急急將兒子轉至特殊學校，可惜已經太遲了。如今大文手語仍打得零零落落，不只念書吃力，人際關係更是個難以跨越的障礙。

國中升高中時，大文報名技職班，開學當天才發現莫明其妙被編入體育實驗班，而從小就跳不高、跑不快的他最痛恨的，就是體育，每天同班同學進行體能訓練時，他就獨自坐在一旁乾瞪眼。他變得鬱鬱寡歡，經常陷入低潮，對人不理不睬，總是獨來獨往。大文導師心有不甘，跑去問B校長為何把這種學生編入體育班？B校長不敢明說是「擔心湊不足開體育實驗班的人數，只好捉聽障生隨便湊數」，只得隨便敷衍：「不是有聽障奧運嗎？」

就跟所有青少年一樣，大文渴望朋友，渴望溫暖，渴望愛，然而學習的挫折，人際的疏離，讓他一樣也得不到。他苦悶，孤單，卻無話可說，也無處可說，沒有人知道他的想法或感受。然後，他看到甜美可人、有如洋娃娃般的婉柔，出於本能地親近她，占有她，不幸鑄下大錯。

「事後回想起來，原來學校環境就是那樣，大文不過是有樣學樣而已。所以他一直很難理解，大家不是都這樣嗎？為什麼只有我被罰？」向來冷靜自持的蕭逸民罕見地有感而發：「我覺得他真的好慘！」

幾次國賠訴訟庭開下來，張萍與蕭逸民對事件的瞭解愈發完整，真相拼圖亦逐漸清晰：校方隱匿實情在先，事後又抵死不認。例如婉柔的日記，起初校方硬是不肯交出來，直到張萍揚言若不歸還將追究侵占刑責，校方才被迫不得不交出來。

某次開庭，婉柔媽媽提及B校長建議讓婉柔嫁給大文，B校長極力否認，婉柔媽媽反駁說，你明明就這麼說過，還拿錢來我們家想和解！就在這你一來、我一往的過程中，B校長情急脫口而出：「我想撮合他們，也是一番好意啊！」

BINGO，這下子可被逮到了。

「打官司、談判就是這樣，透過法律途徑迫使對方現出原形，這是我的策略，」蕭逸民說：「尤其像婉柔這種以小搏大的官司，人本沒錢沒人又缺乏奧援，只能這麼做。」

但一審他們還是輸了，直接證據不足，沒錢請律師凡事自己搞定，會贏，是意外，會輸，理所當然。蕭逸民認為敗訴的關鍵，在於婉柔無法親自出庭，媽媽很早就說過，若要女兒出庭，她寧可輸。蕭逸民認為，如果婉柔可以出面指證A老師見死不救，絕對有利於判決，但是要她與最喜歡的A老師對質，這實在太殘忍了，他做不到。

婉柔對A老師有份難以割捨的感情。事發之後，她對老師沒有太多怨恨，反而擔心老師會因此丟了差事，曾去信表達關切。沒想到這封信竟成了A老師的護身符，她說，如果我見死不救的話，婉柔怎麼可能會寫這種信給我？

一審敗訴的挫折，並沒讓張萍死心。她拿著匿名判決書，回母校政大請教法律系教授意見，重新擬定「作戰計畫」，向地方政府申請「性侵害申訴補償金」，又輾轉找上曾任法官助理的王朝揚律師，委請他負責此案。王朝揚的事務所小小的，很樸素，據說不少客戶看他事務所沒什麼門面，心想收費大概不會很貴才找上門。他做人很阿莎力，看到沒錢的客戶，常不好意思收錢，是個很敦厚的人。

「他聽說我們經費不確定有多少，二話不說，就說願意接，真是個好人！」張萍說著又補了一句：「每次開庭，他都會買零食給我們吃耶！」說罷哈哈大笑，難得輕鬆的模樣。

此後訴訟由從張萍及蕭逸民雙人組，變成加上王朝揚的三人行。由於類似案件沒有成功前例，王朝揚花了很多功夫蒐集資料，研判案情。他打官司不在細節打轉，而是提出獨特的法律見解來說服法官：為什麼學生犯了錯，學校在法律上必須負責？教育的目的是什麼？老師的責任又是什麼？

這樣的說詞看似簡單，其實關鍵，而且說服了頗為有心的二審法官（蕭逸民的說法是：「我們運氣很好，算是抽到籤王」了！）加上人本既有的證據，就算無法證明學校見死不救，至少難脫執勤嚴重缺失、廁所沒有求救設施及延遲通報等缺失，這些都符合「公務員怠於執行職務之國賠條件」。

二〇一一年初，傳來眾人引領仰望的好消息，二審宣判勝訴定讞，長達三年多的國賠訴訟終告一段落，這也是臺灣第一起「生對生」性侵事件打贏國賠的案例。婉柔媽媽並沒有太大喜悅，只是沉痛表示：「我們打國賠不是為了要錢，就算給我一千萬，我也不願意女兒受到侵害……我們是希望以後所有特教生都能受到政府重視，不要因為他們是弱勢者，就輕易地被犧牲了。」

事隔多年，業已轉至司改會工作的蕭逸民仍不無感慨地說：「學校老師經常私底下跟我們說，你們不懂這些小孩，他們就是『那樣』啊！」然後他不改一貫冷靜態度，從容說道：「對啦，我也同意那些老師的說法，就是因為他們用那種態度教育小孩，小孩才會變成『那樣』！」

2

婉柔國賠案確定成功，讓張萍緊繃已久的心稍稍寬慰了一下。可是她沒有高興太久，因為該校性平案從原來七、八件，一下子爆增至三、四十件，尤其當她聽到耀華（化名）在接受調查之後再度被侵犯，更是對校方的疏忽憤怒到了極點。

耀華轉到這所特教學校還不到一年。媽媽說，她本來打算讓兒子念住家附近的資源班，後來聽說特殊學校設備很好，她試聽過幾堂課，覺得環境及師資不錯，才決定讓兒子轉學。

「我想說他們學校資源一定很多，又是國立的，辦得很好，而且老師都是專業的。剛開始我是想說讓孩子去那邊，就是讓他獨立，跟人家這樣子一起團體活動，學校用電腦或電視還有限制時間啊，像軍人一樣⋯⋯」媽媽眼神映著純淨的光影，誠懇說道：「而且我是想說，他只是聽障，肢體沒有不方便，也可以去幫忙人家，這樣子，也是一種學習啊！」

良好的家教讓耀華溫和而善良，從不與人爭吵，只是他白淨斯文的模樣，經常成為被攻擊的目標。為了怕爸媽擔心，他從來不提被欺負的事，是其他孩子接受調查時，冷不防冒出「耀華跟我一樣」，調查小組才得知實情。

耀華媽媽說，學校打電話通知調查時，她完全不知道是怎麼回事。「我們都憨憨的，學校要我們幹嘛，我們就幹嘛。」一直到約談當天，老師透過手語配合肢體動作問耀華：「大哥哥是不是對你做這個動作？」耀華說，對。老師問他有過幾次？耀華天真說道：「十幾次。大哥哥說不要跟人家說，我就沒說。」

「那時我跟爸爸坐在旁邊，嚇死了，他爸爸都快哭出來了。我心裡想說，啊，是我幫他挑的學校……」媽媽哽咽了，停頓了好久：「他導師坐在旁邊安慰我說，媽媽你不要有挫折感。可是，我們是想說這裡比較好，才轉過來，結果怎麼……我一直覺得對孩子很不好意思，讓他受到這種痛苦，覺得很抱歉……」

「後來我才想到，有一次參加那個什麼戶外教學，有一個不知道是教什麼的老師問我，你們住哪裡？我說，住在〇〇，那個老師說，如果可以的話，最好通勤，然後就沒再說了。」提起這段插曲，媽媽難掩懊悔：「唉，那時候沒想那麼多，哪曉得他是在暗示我們不要住校。」

只是，調查歸調查，問題依舊存在。就在調查結束之後的端午節，耀華在宿舍又被侵犯了。夜裡爸媽接到學校通知，心裡又氣又急，卻束手無策。經過一夜無眠，隔天一早媽媽打電話到學校，某主任告訴她：「學生都還在成長，學校在管理上無法面面俱到，我們不能保證以後不會再發生……」末了，有意無意加了句：「你們最好別把事情鬧大。」

主任這句話惹毛了向來好脾氣的爸爸，直接衝到學校質問。負責出面的（另一位）主任倒是很坦白：「學生有這些行為，我們沒辦法百分之百負責。」

爸爸忍住火氣，試著講道理：「你們一直說欺負耀華的學生家住很遠，沒辦法要他通勤，現在耀華又出事了，你們又說不能百分之百負責，是什麼意思？如果你們再不解決的話，我就去媒體爆料，把事情統統說出來！」

「威脅」果然有用。當天晚上，C校長親自到耀華家道歉，表示學校一定會加強巡邏，也會對耀華特別照顧，請他們放心。耀華爸媽都是明理人，他們看C校長這麼年輕，說話又客氣有禮，就算有滿腔怒火，也不好再說什麼。不過某主任「不能百分之百保證以後不會再發生」的話言猶在耳，媽媽很不放心，她想讓耀華轉學。

一聽到「轉學」，C校長急得快跳腳：「不用啊，如果你們擔心通勤太麻煩，我可以每天來接耀華上學！」

「校長這樣說，我覺得好奇怪，又不順路，等於是要他繞遠路，我就說不要。」媽媽如此回憶，「後來學校好像有比較好，耀華也沒再出事了。」

然後，媽媽主動提起那位「看起來乖乖的大哥哥」：「我們耀華國一才轉過去，什麼人都不認識，週末回家跟我說，有個大哥哥對他很好，會請他吃東西，教他做功課。我想說這樣子很好，他們導師也說，耀華會跟其他同學吵架，有個大哥哥照顧他，這樣子很好，誰知道……」

「大哥哥」叫凱林（化名），是大人心目中的好孩子，好學生，是學校熠熠發光的明星。沒有人相信這個溫文儒雅、人見人愛的少年，竟然是多起性侵案的行為人。

凱林媽媽接到學校通知時，跟耀華媽媽一樣一頭霧水。老師在電話另一端支支吾吾地要她趕到學校，並一再強調，千萬別跟任何人說。「那時候我想說，欸，我是凱林媽媽耶，老師什麼都不跟我講，又跟我說警察要去學校做筆錄，我當然很緊張啊！」

做生意的凱林媽媽聰明有主見，從不輕易大驚小怪，眼見校方語意含糊，她索性直接打電話到警察局問個明白。警察的說詞既具體又明確，完全不留轉圜想像的空間，她頓時覺得自己的心往下沉，沉入茫茫大海，快要溺斃了。

調查初期，凱林全盤否認。老師耐住性子循循善誘，凱林才用手語表示，媽媽在這邊，會怕。老師委婉請媽媽離開，她說什麼也不肯。「我很怕啊，萬一調查小組隨便講，我兒子隨便承認，那不就完蛋了，對不對？可是調查老師挑明了說，你在這裡，你兒子不敢承認。可是凱林一開始統統都否認啊，我很擔心，就跟老師說，你們是要逼他說到有為止喔？」

可是媽媽心裡明白，這孩子恐怕真的做錯了。她溫柔對凱林說：「你老老實實地講，不用怕，真的有做就講出來，有就有，沒有就沒有，媽媽會幫你。」在她心中，凱林聰明又孝順，是個很善良的孩子，直到此時此刻，她仍抱著一線希望，希望一切都是誤會。但是，凱林終究還是承認了。

「是我把他送到那裡（學校）去的，我的罪比較重！」至今說來，媽媽仍是心如刀割。真相或可揭露，冤屈或可平反。但心智尚未成熟、性知識既匱乏又謬誤的學生為何誤入歧途，寧可被欺負也默不作聲？學校除了懲罰學生，要家長帶回去，還提供了什麼協助？

答案是，涉案七十幾位學生，僅有兩名接受心理輔導。

學校老師私下向張萍坦承，她欠缺專業治療背景，沒能力處理複雜的個案，建議校方應另聘專業心理師。沒想到某主管卻說，學校沒錢，就沒下文了。張萍雞婆跑去跟某主管說，你們是國立學校，就算學校沒錢，也可以跟主管機關（教育部中部辦公室，簡稱中辦，今國教署）要啊。某主管瞪大眼睛，一副不可思議的樣子說，欸，他們是長官耶，怎麼可以隨便跟長官要錢？

「這句話背後真正的意思，就是：小孩子的事，我們怎麼好意思去跟長官要資源？」想起這件事，張萍依舊怒氣騰騰：「他連這種話也說得出口！」

舊案未了，新案不斷。家長看不下去，去函學校要求改進，該校教師會的回應是：

「該函內容嚴重打擊本校教師士氣」、「『校安事件層出不窮，安全管理漏洞百出，宿舍生活混亂失序……』的內容過於含糊且偏頗有失公允……除抹煞教師的心血，更對教師士氣造成莫大打擊。」

校方無法保證學校安全，老師又不願承認無能為力，萬一又出事，怎麼辦？

人本直接行文教育部本部，質疑主管機關中辦沒有執行《特殊教育法》評鑑業務，才會導致學校教學品質與行政管理產生弊病。教育部本部沒有回應，倒是前中辦科長羅清雲以「沒有評鑑標準，礙難執行」為由，讓人本吃了個軟釘子。

根據民國九十八年《特殊教育法》第四十七條規定：「高級中等以下各教育階段學校辦理特殊教育之成效，主管機關應至少每三年辦理一次評鑑……評鑑項目及結果應予公布，並對評鑑成績優良者予以獎勵，未達標準者應予追蹤輔導；其相關評鑑辦法及自治法規，由各主管機關定。」該單位官網亦明白顯示第一科的業務包括「特殊教育學校評鑑業務」。不過二〇〇三年之後，中辦就再也沒做過特教學校評鑑，如今則以「沒有評鑑標準」為由搪塞，顯然違法。為什麼教育部本部竟放任不管？

人本被逼得無路可走，再度請陳節如委員出馬，與學校及中辦召開協調會。公務員最怕的，果然還是立委，陳節如緊迫盯人的逼問，校方及中辦終於做出以下承諾：

一、教育部在二〇一一年底前邀集特教學者、團體代表組成專家小組，針對學校辦理總體校務及教學專案訪視輔導；

二、教育部應於半年內詳細評估招收智障生及一般生之教學管理問題，並依評估結論，提出是否停止招收非聽障生的政策方向；

三、學校應於兩週內提出上學年度從國小一年級到高中三年級與人身安全及性別教育相關課程之單元名稱、時數、內容、教學計畫及如何評量之書面報告；

四、學校成立調查小組調查範圍應涵蓋所有遭受性侵及性騷擾學生，如調查結果發現學生曾向老師或其他校務人員告知卻未獲妥善處理，學校應主動依《性侵害防治法》，將該教師或行政人員處以行政處罰；

五、全國特殊教育學校評鑑，二〇〇三年辦理後即未再辦理，教育部應盡速規劃辦理。

學校是否會有所改變？張萍不是沒有疑問，但她說服自己要樂觀一點，說不定，這次會有所不同。

時序到了八月，性平調查小組的調查報告出爐，把許多不可解的疑團都給照亮了：學校在短短兩年之內發生上百起性平案，涉案學生高達七十多人，出事地點包括教室、宿舍、圖書館、老師家、同學、火車及校車，其中光是校車就占了四分之一。老師們信誓旦旦「他們只是在玩而已」的說法，成了最大諷刺。

如果一間公司有很多問題，必須透過專業人士進行整體診斷，不能只進行個案處理。學校亦然。如果校方有誠意解決問題，改變現況，大家都樂觀其成。可是該校的思考邏輯及回應模式，始終停留在處罰孩子，加裝監視器，即使事後證明這些方法全不管用。

除非整間學校大刀闊斧有所改革，否則類似案件會層出不窮。張萍與馮喬蘭商量是否要召開記者會，透過輿論壓力，迫使教育部出面解決。

提到人本基金會，很多人的反應是「很愛開記者會罵老師的民間團體」。事實上每次為了是否要開記者會公布失職學校與教師姓名，人本內部總是數度激辯，訴諸媒體有利有弊，必須仔細評估，權衡得失，一旦決定開記者會，肯定是無路可走了。這回特教學校的案子，他們更是猶豫再三，因為涉案的是聽障學生，如果民眾的反應是：「看吧，這種小孩就是這樣。」會不會適得其反？

「我們不是沒有嘗試跟學校溝通，可是他們一直用增加硬體設施來解決問題，要不然就是怪到小孩頭上，說他們病態，難道學校一點責任都沒有？」張萍從學校體制角度分析：「說起來，學校也不是完全坐視不管，可是他們採取的方法就是『監控』啊，要小孩洗澡的時候浴簾只能拉上一半，晚上睡覺的時候，管理員還會掀被子檢查，如果他們真的相信『孩子只是在玩』，何必這麼緊張？」

馮喬蘭則是從教育資源的角度評估：「那所學校每年有一億五千萬的人事經費，一億五千萬耶，明明知道學校裡面的人不行，國家為什麼要花這麼多錢，讓小孩受到這種待遇？拿這一億五千萬來重新聘人，總可以吧？根本不用另外追加預算，就可以重新整頓學校啊！」

兩人初步決定要開記者會了，人本董事長史英卻覺得不妥。他以為，既然協調會決定給學校時間處理，為什麼急著開記者會？你們是不是殺紅了眼？

張萍一時為之語塞。她不是不記得協調會的決議，也不是不知道史英的顧慮，可是眼見孩子只能用眼淚來表達驚惶與悲傷，她無法把這些憂傷痛苦的臉孔從腦海裡抹去。「我很想幫他們轉到其他學校，就是找不到啊，根本沒有學校要收。他們必須回去一個你明知道會出事的地方，而且也真的又出事了……」她好擔心再拖下去，又有孩子受害，怎麼辦？每浪費一秒，就可能更接近悲劇一秒。

最後史英被說服了，並決定記者會除了揭發事實真相，也必須提出具體建議：學校交由專業團隊接管。

記者會或許無法立刻解決問題，但若是不踏出這一步，學校將保持現狀，孩子處境也難以改變。

再多的眼淚與懊悔，也喚不回受害孩子的青春與純真。

三、國王的新衣

1

小時候聽「國王的新衣」故事時，最讓人驚訝的不是小男孩為何膽敢當眾指出國王沒穿衣服，而是為什麼從王公貴族到販夫走卒，竟然集體建構出如此荒唐的謊言，並把謊言視為理所當然。

有時，真相就像國王的新衣一樣赤裸，因為太赤裸，反而讓人不舒服到想全盤否認。比被侵害更痛苦的，是遭到孤立的感覺，沒有人幫助的絕望。「我有跟老師說，可是老師不相信」、「我去告訴老師，老師都不管」，類似的情節，張萍他們已聽過太多、太多了。因為聽見孩子的吶喊，他們不能、也不願保持沉默下去。

人本決定主動出擊，透過記者會公布案情。

消息才剛傳出去，教育部中辦「關切」的電話就來了。他們請人本暫緩開記者會，還說，教育部本部的調查報告就快出來了，屆時調查小組會跟學校談，你們也可以一起來。

馮喬蘭以為教育部早該深入調查，不是等紙包不住火了才來滅火，堅持記者會一定會開。對方發現阻擋不成，改打拖延戰術，說，要不要晚一點開？等完整報告出來了再開，你們也會比較清楚問題是什麼。

事實上，教育部本部成立調查小組，是人本直接向該部檢舉後才介入調查，他們只聽取校內員工說法，卻避開當事人及家長，奇怪極了。而且馮喬蘭事後回想起來，發現中辦根本是在說謊，因為就權責劃分來說，中辦沒有權力指揮教育部性平委員會及調查小組，又怎麼可能代邀人本一起開會？

為什麼教育部及學校不願深究造成錯誤的根源？他們到底在怕什麼？

2

二〇一一年九月二十一日上午，人本基金會與立委田秋堇共同召開「充耳不聞、視而不見、隱匿不報、見死不救——學校是叢林，還是煉獄？」記者會，指出學校發生性平事件一二八件，要求教育部立刻介入處理，同時邀請中辦藍順德主任出席，希望與他當面交換意見。

縱使望穿秋水，藍主任沒有出現，倒是特教科的羅清雲科長來了。他拿出事前準備好的一疊資料，逐項念出已懲處知情不報的數名職員名單，並提出四個改進方向，已派五人調查小組視察云云。

有記者舉手發問：「科長，時間寶貴，我想請問一下……」這時電話聲響，原來有人打電話給科長。他逕自拿起手機講起電話，沒有理會提問。

「那我請教史老師好了，」記者轉而改問史英：「請問從去年調查到現在，有沒有再發生案件？如果有的話，就表示中辦的處理無效！」這時羅科長剛好講完電話，記者又把問題轉回科長，並附帶一句：「請簡短回答！」

羅科長說：「目前看到的案子，很多都是從民國九十七年發生，處理到現在的……」

史英忍不住插話：「那麼，你是說沒有發生新的案子嗎？」

「我不敢保證。」羅科長猶豫了一下。

「所以你知道有發生（新的案子）嘛！」

羅科長默不作聲。

張萍拿起麥克風，表情散發著一股寒氣：「這一年來，相關的七十六個孩子，只有一個受害者得到諮商，另一個行為人有行為處遇計畫，我想請問科長，有幫另外七十四個孩子嗎？」

羅科長趕緊表示，中辦已經很努力了，不但邀請人本跟勵馨基金會加入，還有女性權益促進會……

張萍當場厲聲反駁：「勵馨跟人本加入，是六月跟陳節如委員開協調會時，她要求校方邀請我們加入的。女權會呂主任告訴我，學校只找她開過一次，就說她支持不調查，可是她告訴我根本就不知道有這個結論！」

羅科長不再談中辦做了什麼，改口談「孩子的權益」：「我想，人本還是要注意保密，不要造成任何人再度受傷……」

聽到羅科長這番話，史英火氣上來了：「只要有人談這件事，你們就說不要傷害學生，那要怎麼救人？剛剛我們所有的發言，有指名道姓嗎？有洩密嗎？怎麼會傷害學生？之前中辦也告訴人本，等這週五調查報告公布再開記者會，免得傷害學生。我們仍然決定今天開，因為我們知道，教育部說關心學生，卻從來沒和學生談過話，這種調查報告不會有結果！」

羅科長未直接回應史英的說法，只是一再強調中辦很關心，也一直在處理。

凱林媽媽及小元爸爸也來了。帶著帽子與口罩的凱林媽媽說，當她親耳聽到兒子說出傷害別人、也被傷害的事，她的心好痛。「我本來是很信任學校的，可是孩子發生事情，竟然沒有老師協助他，照顧他，我真的好後悔把他送來！」話沒說完，已是泣不成聲。

小元爸爸一開口就哽咽了：「我今天是先到派出所報案，才敢來參加記者會。學校警告我說，你的孩子還在學校……」他強忍住眼眶裡打轉的淚水，繼續說道：「我在校長室旁邊的樓梯間，看見三名男同學猥褻一名女同學，我立刻跟學校通報，學校給我的答覆是『他們只是在玩』，就是學校視而不見，事情才會愈演愈烈！」

教育部駁斥人本的說法，表示學校性平案「只有」七十一件，不知道人本說的一二八件是從哪來的；C校長接受採訪時也說：「只有七十一件，沒人本說的那麼嚴重啦！而且人本把校外、家中的性侵案都算到學校頭上，根本就是中傷！」[1]

人本與教育部各自表述，抛出許多值得探究的問題，只可惜記者多半只繞著案件數量打轉，拚命問說，為什麼你們兩邊統計的案件數兜不攏？面對記者一再詢問，張萍只得反覆說明，教育部跟學校的算法，是以行為人總人數計算，所以只有七十一件，但一名行為人可能犯案不只一次，人本是以案件量來計算，所以是一二八件。

有媒體標題下得好：「笨蛋，問題不在數字！」不論是七十一件，還是一二八件，案件數量的多寡根本就不是重點，重要的是，學校出了什麼問題？為什麼情況這麼嚴重才想辦法修補？

學生長年受害，學校知情不報，憤怒的輿論幾近沸騰。眼見情勢一發不可拾，教育部次長陳益興及中辦主任藍順德出面鞠躬道歉，表示一定會「查到哪，辦到哪，毋枉毋縱」。九月二十三日上午，教育部長吳清基公開表示遺憾，同時替C校長抱屈說他「鼓勵學生說出委屈，事件才會爆發」、「勇於任事，沒有必要撤換」，至於人本建議專業團隊接管的事，他隻字未提。[2]

人本與全國家長團體聯盟、勵馨基金會及田秋堇委員再度召開記者會，批評教育部除了道歉及公布通報數據，什麼也沒做。馮喬蘭說：「教育部長、次長和中辦主任出面道歉，都只是表面形式。可是那些要求被害學生不要聲張的人都還在學校工作，如果無法有效處理這個『共犯結構』，無法有效的隔離加害者及受害者，如何確保學生不再受到侵害？」全國家長團體聯盟理事長謝國清更是措辭強烈表示：「教育部長期以保障教育人員權益為由，延遲事件處理僅以申誡記過處置，形同包庇加害學生的老師及行政人員，相關官員也該下臺負責！」

與此同時，十多名支持學校的家長在學校召開記者會，海報上斗大的字樣寫著：「濫殺無辜／學校不是煉獄／我的孩子不是狼」、「別再亂／人本基金會／不肖『特定家長』」，指控少數人扭曲事實，讓學生及學校汙名化。C校長更是語帶感性地說，連日來臺北媒體的負面報導，讓他努力兩年的心血毀於一旦，毀了過去打下的基礎。他自認內心很坦蕩，沒有委屈，只是如果再多給他一點時間，就可以看到成果了，他很不甘心！

C校長的「心有不甘」說，馮喬蘭看了也很不甘心，也有話要說：

「校長認為再給他一些時間，就可以看見成果了。只是校長並未言明，是怎樣的成果？事實上，開始進行性平案件的調查，就應該開始提供保護與輔導以及改善。現在爆發的這些案件，有的在去年底就開始進行調查，有的是在今年三、四月，也就是，學校就算要推諉說以前都不知道，至少，今年四、五月可以知道了吧，那麼，該給孩子的教育跟輔導諮商呢？該改善的設施呢？該結合的資源呢？」

「就算四、五月在等性平事件調查報告完成，那麼，暑假期間，總可以有些時間，進行相關安排，以免開學，一切如昔照舊。但是暑假做了什麼？難道是因為校長忙著補修特教學分，[3]沒有時間處理？直到社會關注排山倒海而來時，卻來跟大家要『未來的時間』，還能說不甘心。我們只能說，很遺憾，而且很痛心。校長不甘心的是孩子的處境，還是自己的位置？」

記者會結束後，教育部突然發布人事調動令，將C校長調離原有職務，改由中部辦公室專員代理校長。不過，這與人本期待專業團隊接管的目標仍有距離，他們以新聞稿表達疑問：

刻意將責任局限於一校，只由一個校長承擔，這表示部長並未真正反省。我們不反對調走校長，但該校問題經長久行政包庇，累積經年，中部辦公室豈能無責？現在卻由中部辦公室負責行政督導，這不仍然是「帶罪之人負責調查自己之罪」嗎？我們要求專業團隊接管，是指由專業團隊決定如何運用現有人力；也就是專業團隊必須有決策權、行政權、指揮權，而不是在既有勢力限制下，徒然犧牲。若照部長安排，專業小組不但沒有接管學校，反倒被中部辦公室接管了！

不要逃避問題、不要掩蓋真相、不要鋸箭療傷、不要愛護自己的面子勝於孩子的福祉；並相信組織真正的專業團隊，實質接管學校，以拯救孩子於水深火熱之中。[4]

人本連番重炮抨擊教育部及學校，聲障團體聲暉聯合會榮譽理事長莫素娟十分不以為然，質疑校內有人「洩密」，更指責人本「戕害孩子」：

學校已經進行相關保護措施並將傷害降到最低，就不該踩在孩子身上，在傷口上灑鹽，如此對社會是一種傷害，對弱勢族群更是不公平，而特定人士遊走法律與道德邊緣，刻意渲染對教育並無幫助，家長團體絕對不同意且給予嚴厲的批判！

當校園發生性平事件時，對於勇於處理的學校無任何支持的力量，對於刻意渲染事件的人、團體或是媒體完全沒有任何約制，在毫無自律的腥羶殺戮中，學校成為社會詭異氛圍下的祭品，學生一次又一次地受到傷害，家長亦將陷入悲情的輪迴中！[5]

人本在臺灣社會的評價頗為兩極，隨便用Google搜尋一下，抨擊他們「唯恐天下不亂」、「置學校老師於死地」的文章不可勝數，足夠編一本厚厚的文集了。這回人本挾著高知名度及學者專家背書的「優勢」，批判地處偏遠的特殊學校，怎麼看都像是場不公平的戰爭，因此C校長的說法與家長團體的支持，果然說服了不少人，甚至有記者善意提醒人本：「你們是不是被利用了啊？」

人本是否刻意渲染事件，大可受社會公評。不過指責學校內部有人洩密，或是懷疑人本被利用，就很有趣了。就算有人「洩密」好了，這些「密」是否屬實？就算人本「被利用」好了，他們是否涉及誣陷誹謗？如果這些「密」都是「事實」，如果人本既沒造謠、也沒說謊，長期消極怠惰的校方，不是最該被咎責的嗎？怎麼大家反把怒氣出在人本頭上？

為了澄清事實與表明立場，九月二十六日，人本在特教學校所在城市召開「還是需要專業團隊——對特教學校事件我們的訴求與回應」記者會，期盼與當地民眾及記者直接對話。

沒想到媒體最在意的，還是案件數。某電視記者措辭強烈質問：「學校說案子有七十一件，人本卻說有一二八件，是不是你們掌握了一些學校不知道的案件卻隱匿不報？這難道不涉及違法嗎？」

人本隱匿案情不報？張萍一時沒弄清楚對方意思，只能耐住性子說明：「我們掌握的案件都是出自學校，只是計算方式不同。如果一個孩子被八個不同的孩子侵害，我們會計算成八個案子，因為每個案子都有被考量的處遇計畫。校方和教育部認為受害孩子只有一個，就把這些併成同一個案子，所以案件數量會比較少。」張萍沒來得及說的是，如果「舊案號」卻有「新案子」，校方是直接把新案併進舊案，也就是說，如果某個孩子過去被侵害並登記有案，後來又被侵害了，學校是把它併入前面的舊案，不會另開新案。

「這種算法，當然會讓案件數量看起來比較少啊！」事後張萍恍然大悟解釋給我聽：「指控人本隱匿案件不報，是校方搞不清楚學校有多少案子，當然不敢承認啊，所以只好跟記者說，一定是人本掌握了我們不知道的案子，也沒告訴我們！」

那日記者會的「高潮」，應該是某中年男士的發言了。他突然起身，對著馮喬蘭及張萍比了一連串手語。現場一陣靜默，不知他用意何在。

「你們連手語都不會，怎麼能調查？用筆談，會正確嗎？你們口口聲聲說要保護孩子，卻把情節赤裸裸地展現在社會面前，孩子還要不要見人啊？」男子愈說愈激動：「你們有讓社會大眾瞭解事情的前因後果嗎？這樣斷章取義、移花接木實在是太容易了，你們第一天的記者會，有一些說的都不是真的！」

「對不起，請問你認為哪些不是真的？」馮喬蘭問。

「譬如那個家長，他說他先去備案，才冒著危險去參加記者會，那不是真的。」

「你是說，他沒有那麼危險？還是說，他沒有去備案？」

「對，沒有這個樣子。」

「不好意思，你說有一些不是真的，到底是指什麼？」

「有些東西是移來移去，接來接去的。」

那名男士說，他無法忍受人本一而再、再而三描述性侵案細節，「如果像人本所說的學校有四分之一是性侵行為人，那其他四分之三的學生怎麼辦？不管是教育部調查的七十一件，或是人本公布的一二八件，都足以讓學校化為焦土！如果沒有學生敢來念書，就算有專業團隊進駐接管學校，又有什麼用？」

事後人本才得知，那位激動發言的男士，是該特教學校資深教師，也是全國教師會代表在教育部特殊教育諮詢委員會委員，而且那天他是「奉校長指示出席記者會」。[6]「如果那時候我知道他是學校老師的話，我一定會問他，如果會手語就可以查出事實，為什麼你們查不出來？我們用筆談，小孩子都那麼願意說了，你們為什麼不早點用手語問？還談什麼保護孩子？」張萍滿漲的情緒又冒出來了，「我們從來都不覺得孩子不可見人，是那些覺得他們『見不得人』的人才有問題！」

九月二十七日，教育部性平會調查報告出爐，指出該校應檢討事項包括：「性平會委員對事件判斷和處理能力薄弱」、「教職員工對性平事件發生的敏感程度過低」、「住宿生管理員及隨車教師助理員忽略和漫不經心」、「學校未能保障當事人之人身安全，或減低雙方當事人互動之機會」、「學校未針對當事人訂定具體個案輔導計畫」、「部分教師手語能力不佳，導致師生溝通不良」等。這份調查報告或許不盡周全，但至少證明了人本既沒造謠，也沒說謊。教育部次長吳財順表示，該部將追究C校長與教育部中辦責任，[7]並再三強調：「教育部會補助學校加裝監視器，小學部的通鋪也會加裝三十公分隔離柵欄。」

唉，C校長已經在學校裝了那麼多監視器，都不足以遏止案件發生了，怎麼事到如今，官員腦袋瓜裡想的還是只有監視器跟柵欄呢？

3

事實的揭露，讓批評聲浪有如四散在各處的火苗合成一片，無可挽回地燃燒起來，教育部的態度也從原來的「遺憾」變成「抱歉」，姿態變得很低，尤其是教育部長吳清基。九月二十九日，吳部長到立法院教育委員會進行專案報告，他一再鞠躬道歉，承諾將採取各種具體作為，包括「邀集相關人員組成專責行政督導小組到校督導」、「另組專業輔導小組，協助學校強化輔導措施」等。他說，教育部已有改善計畫，包括「特殊教育友善校園學生事務與輔導工作實施計畫」、「特殊教育學校性別平等教育自我檢核表」、「國立特殊教育學校強化校務運作效能注意事項」，未來一定會加強督導。

這份洋洋灑灑、寫了上萬字的報告，第一頁便寫道：「本部於二〇一一年九月二十二日至二十五日由駐區督學駐校輔導……」咦，人本二十一日召開記者會，教育部直到二十二日才派人駐校輔導，難道他們是二十一日才知情？當然不是。二〇一〇年十二月十五日教育部召開性平會時，中辦就已提出該校發生十一件性平案的報告了，當時會議主席就是吳部長，難道他忘了嗎？

如果吳部長早在一年前便已知情，為何遲至隔年九月才派督學進駐輔導？合理的推測是，教育部本部輕忽了問題嚴重性，也高估了中辦的執行力，直到人本召開記者會才發現事態嚴重，不得不親上火線滅火。另外，這份報告中充斥著「加強督導」、「強化教育」這類既無目標管理、也無具體績效指標的建議，要如何確認校方確實做到？

聽完部長近二十分鐘的口頭報告，獲邀至報告現場的史英忍不住開炮：「去年人本找立委陳節如介入解決，開協調會，教育部中辦也做過四次調查，但學校口交、肛交事件一天到晚都在發生，八成受害者從小學就開始被害……學校有老師的孩子也是聽障，卻沒選擇讀自己任教的學校，為什麼？如果出事的是他自己的小孩，老師坐得住嗎？」

然後，史英語出驚人地指出，兩年來爆發的一二八件案子，只是針對聽障學生的調查，該校還有一百五十位智障生，他懷疑這些學生已經受害，只是外界無從得知。此語一出，現場譁然。

「所以，真的要處理這些問題，不能再停留在行政督導層面，而是要思考整體制度的問題，」史英感嘆說道，「如今才來研究、設計，根本就緩不濟急。」他再次表明希望讓專業團隊接管學校的立場。

外界一直不太理解，為何人本反對教育部找專家輔導學校，堅持要專業團隊進駐處理？馮喬蘭如此解釋：「聽障孩子因為處於弱勢，又沒辦法替自己發聲，強權的管理者很容易會漠視他們權益。」她以為，校方一再以「孩子在玩遊戲」將性侵合理化，反映主其事者對學生欠缺真正關懷，「漠視與歧視是整起事件的問題所在，而在這樣的體制中，就算有人想認真做事，也敵不過周遭的壓力。」

馮喬蘭認為，教育部及校方不願面對問題，導致情況延宕，愈來愈不可收拾，顯見他們早已無能為力。「整頓一所學校，不能只靠個人或是單一團體。當初我們決定開記者會，就是希望能引起外界注意，挹注更多的資源來積極整頓，透過公權力結合專家團隊，進行全面性的檢討與協助。接管學校的專家團隊必須具備實際行政權、指揮權和決策權，才能對一個封閉的行政體系發揮改革作用。」

顯然吳部長不這麼想。他以「過去從來沒有民間團體接管學校的前例」及「目前已調離現職校長，由中辦專門委員進駐接管，也邀專家團隊組成督導小組協助」為由，拒絕了這項建議。

十二月六日，教育部公布懲處名單，C校長遭記過處分，兩位前任校長也被記申誡及大過，負責督導的中辦主任藍順德被記過兩次，主管業務的科長、督學、相關業務人員分別被處以申誡到記過等。這也是歷年來教育高層官員遭到最嚴重的懲處。

教育部以為，該罰的人都罰了，該做的似乎也都做了，剩下的，就讓時間慢慢撫平所有人的傷痛吧。

只可惜事與願違，該校性平案仍舊持續發生。

1《性平法》是以「發生時當事人的身分」界定校園事件的範圍，只要事件發生時，當事人的身分符合《性平法》要求，即使發生地點在校外，仍適用《性平法》，C校長的說法顯然有誤。

2 二〇一一年九月二十二日人本基金會發表〈無能接管學校不如趁早下臺〉新聞稿，再次強調「立即由專業團隊接管學校，先照顧目前學生的需求」的重要性，但這樣的建議未被教育部接納。

3 該校長並沒有特教背景。

4〈敬告吳清基部長〉，人本基金會，二〇一一年九月二十三日，全文見《人本教育札記》二六九期，二〇一一年十一月號。

5〈學生隱私應在言論自由之上〉，莫素娟，二〇一一年九月二十六日，聲暉協會新聞稿。

6 這是二〇一一年九月二十六日該名教師在外出登記簿上所寫的「外出事由」。當天記者會該教師之發言影片，見https://www.facebook.com/hef.tw/videos/362266131669637。

7 教育部報告的案件統計是沿用校方的計算方式，指出七十一件是「通報案件總數」，因為在七十一件案子中，有十八件「不成案」，十一件「調查中」，另有四件則屬「合意行為」，也就是說，教育部真正認定的案件只有三十八件（性騷擾十九件，性侵害十九件），這個結果與日後監察院的調查結果差了將近四倍。

四、生命中不能承受的重量

1

九月幾場風風火火的記者會，讓新聞在媒體喧騰了好一陣子。張萍心想，只要事實俱在，教育部終將體會人本的用心，願意接受專業團隊進駐的建議，讓一切重歸美好吧。

事情當然不是那樣。表面上看起來，人本「殺」得教育部措手不及，逼得官員排排站一鞠躬，還把前途無量的年輕校長給趕下臺，好像是打贏了一場硬仗。可是然後呢？然後，就什麼都沒有了，一切激情、憤怒與批評就像是船過水無痕，什麼都沒了。

朋友私下告訴張萍，教育部輔導諮詢小組進入學校協助，校方提出的性平計畫及校園安全地圖完全不合格，被輔導諮詢小組退了五、六次都做不好，甚至有老師認定「事情會變成這樣，都是小孩有病！」更離譜的是，生輔員竟讓出過事的兩名學生繼續睡在同間寢室。

這所學校真的可以改變嗎？以為伸出手就可以拯救孩子如溺水之人，會不會太天真？

廖慧嫻反覆質問自己這個問題不下上千次了。希望與絕望同時浮現，她一直沒有答案。

※　※　※

廖慧嫻在人本南部辦公室負責中輟生追蹤查訪。大學主修心理學的她長得圓潤大方，性格明快爽朗，很容易跟孩子打成一片，這份工作對她來說游刃有餘。

二〇一一年中旬，正在調查特教學校性侵案的張萍亟需人手幫忙。她觀察廖慧嫻好一段時間了，覺得這女孩聰明伶俐，又有股不畏強權的個性，決定找她做專案社工，協助探訪及分析案情。

「剛開始我也不是很清楚，只想說做家訪喔，嗯，應該沒問題吧，」廖慧嫻說：「接觸以後才知道，哇，事情有那麼嚴重！」

廖慧嫻五月分開始接手，跟著張萍四處拜訪案家，瞭解當事人家庭背景、身心狀況及需要協助事宜，成為張萍不可或缺的幫手。她臉上總是笑瞇瞇的，只要一笑就加深了俏皮與善意，很討人喜歡。就算她手語打得不怎麼樣，可是她願意花時間陪伴，傾聽生活大小瑣事，孩子們總是掏心掏肺，什麼都說。

廖慧嫻第一次與凱林見面，凱林便老實招認了，包括他欺負同學、以及被同學欺負的事。

「那次我也有點意外，為什麼第一次跟他聊，他就這麼願意說？」廖慧嫻頓了頓，如此分析：「我想這些東西在他心裡很久了，是有些認知上的衝突。雖然他很明確被訓誡了，可是他還在瞭解事情的對錯，處於不太明確的地帶。我想，他應該很想找個不是爸媽或老師的人說出來。」

廖慧嫻有著時下年輕人罕見的單純。那日我們兩人與凱林、凱林媽媽聚在一塊，她突然從手袋拿出一根香蕉遞給凱林：「我媽媽種的，本來是想多帶一點給你啦，可是被我吃掉了。」說罷咯咯笑個不停。凱林接過香蕉，眼鏡後面的眼睛閃著光彩，原來廖慧嫻在香蕉皮上畫了一個可愛的笑臉。我跟凱林媽媽對望一眼，忍不住放聲大笑，凱林略顯靦腆的臉，霎時就像一朵綻放的花似笑開了。他把笑臉香蕉拿在手上把玩了好久，直到我們要離開了，才很捨不得地吞下肚。

就是這份難能可貴的單純，讓孩子總是很快喜歡上慧嫻阿姨，進而親近她，信任她。

曉光（化名）也很喜歡她。兩人第一次見面沒談多久，曉光就在筆記本上寫下：「六月晚〇〇在圖書館門口向（想）上我的身體。我有告訴老師，老師沒有處理，好奇怪算了，早上我有告訴組長說」。原來，大家只知道曉光是行為人，不確定他是否受害。

廖慧嫻問他：「有沒有需要我幫忙的地方？」曉光畫了個信封，意思是想用寫的，然後從房間拿出筆記簿，認真抄下廖慧嫻的EMAIL，說，我會記得慧嫻阿姨「黑黑的」，並迫不及待問她：「你什麼時候再來找我玩？」廖慧嫻笑了起來：「我再傳簡訊告訴你。」

曉光是少數願意敞開心房的孩子，不過他說的多半是傷害別人的事，至於自己的受害經驗則不太提。這是所有孩子的共同反應。

廖慧嫻知道，曉光還需要時間，只能耐心等候。她和張萍持續去探望他，時間充裕的話，就帶他去逛逛街，騎自行車、參觀美術館，讓身為獨生子的曉光開心到不行，每次見到她們都笑得合不攏嘴。

在廖慧嫻眼裡，孩子的世界是誠懇的，他們很想說出真相，並不想隱瞞。可是大人要他們噤聲不語，他們心裡一定很難受吧。

曉光邀她去海邊玩，連續邀了幾次，廖慧嫻心想，或許他想轉移一下心情，兩人便到附近海邊晃晃。那是個熱氣逼人的午後，他們頂著大太陽玩水、捉寄居蟹，玩得開心極了。海邊的、陽光的曉光，看來是那麼無憂無慮，廖慧嫻幾乎讓自己相信，他應該只是有樣學樣做了錯事，不像凱林或正祥，從小就那麼慘吧？

她送曉光回家時，爸爸還沒回家。她試探問道：「你以前有沒有被欺負過？」曉光低頭，沉默，緩緩說：「小二的時候。〇〇哥要。我說不要，他說不管。」廖慧嫻想繼續追問，鄰居阿嬤突然跑來串門子，曉光就不肯再說了。廖慧嫻與他約定：「我們用寫信的，好不好？」曉光說好。

隔了幾天，她收到曉光的信：

我要告訴你好嗎？第一件以前小二的小時候住宿晚上老師不知道我的房間我在睡〇〇哥來我的房間睡覺〇〇說想要吻我我說什麼意思吻　哦我知道　算了我才不要吻所以〇〇哥不管　以後來吻過了……

曉光一連寫了七件被侵犯的經過，侵犯他的是七位不同的學長或同學，而且從他小二那年就開始了。他說，他親眼目睹校車上發生性侵案，急忙找隨車老師求救，老師卻要他「回去坐好，不要管」。

聽聞這樣的事，真是生命中不能承受的重量。「我覺得最挫折的是，每件案子都那麼慘絕人寰，可是學校一直覺得人本大驚小怪。欸，到底是誰認知失調啊？」廖慧嫻輕輕咬住嘴唇，罕見的動氣。

眼見性平案量不斷攀升，留職停薪期滿、才復職的黃俐雅自動請纓到該校演講性教育，加上陳節如委員的強烈建議，校方總算同意了。她一再對孩子強調，性是很自然的事，自慰也是，這都是生理基本需求，不需要覺得羞恥或丟臉，但是要尊重自己及別人隱私，絕不能為了滿足自己而傷害別人，當然，更不能傷害自己。

學生的提問異常熱烈，是一般演講場合少見的熱絡，且從提問內容來看，全是孩子切身的苦惱，像是：「月經來怎麼辦？」「有人抱我，我不喜歡，怎麼辦？」「我會不會生出聽障的孩子？」「昨天有人又摸我胸部了，怎麼辦？」「如果被欺負了，是不是就很髒？」「如果被性侵，會不會懷孕？」「萬一跟老師講了，老師不理我，怎麼辦？」「結婚後要不要讓先生知道被性侵的事？」

學生缺乏基本性知識，黃俐雅不太意外，倒是老師的反應，讓她異常吃驚。有女學生問她：「萬一以後我先生有『小三』，怎麼辦？離婚以後日子要怎麼過？」黃俐雅沒來得及回應，老師出面制止：「你是連續劇看太多了嗎？這種事，不會發生在你身上啦！」

至今想起這段往事，黃俐雅仍搖頭嘆息：「這個困擾一定擺在她心裡很久了，好不容易有機會問，老師為什麼要阻止呢？後來我才慢慢體會到，老師可能根本不相信這些學生跟一般生一樣，也有性、愛情、婚姻的問題，才會制止他們發問，」然後，她不無感慨地說：「這是對聽障生的不信任，更是歧視，只是老師自己恐怕都沒有意識到這點。」

黃俐雅在臺上演講時，廖慧嫻不動聲色地坐在臺下，觀察到多數老師低著頭打電腦、玩手機，一副事不關己的模樣。難道他們平常上課就是如此嗎？她簡直不敢多想，想太多會瘋掉。

那日曉光也在。他舉手問：「被人家摸了，怎麼辦？」黃俐雅正色告訴他：「一定要去跟老師說。」講座結束，曉光立刻跑去跟某組長說：「前幾天〇〇對我不禮貌，摸我的下面！」某組長一臉不耐煩地說：「好了好了，你不要再說了，我已經有在處理了，你不要因為沒看到我處罰，就以為我沒處理。這件事老師已經問過他了，也處罰過了，如果你要看的話，我可以再把他叫過來，問一次給你看啊！」就這樣，曉光被打發走了。

「這根本就是忽略曉光的求救嘛！」廖慧嫻提高了聲調，「而且組長是直接用嘴巴說的，根本沒用手語，我就站在他旁邊耶，他也不避諱。這些小孩是聽障，又不是智力有問題，或許他們不是很清楚什麼是道德界線，但是對自己身體的意識，對身體的感覺很清楚。我真的不明白，這些老師輕易可以做到的事，為什麼不做？」

廖慧嫻固然對學校、對部分老師有所不滿，對於是否要公開真相，她始終有疑慮。「那時我一直在思考，除了開記者會，有沒有其他辦法可以解決？一定要透過訴諸輿論這麼激烈的手段，才有可能改變嗎？開記者會，一定會有人受傷，一定會引起反彈，到時候孩子會處於什麼樣的狀態？」她反覆想了又想，始終無解。

原來，她對學校是存有盼望的，她覺得孩子那麼需要幫助，再怎麼樣，老師總不至於袖手旁觀吧？直到記者會那天，她看到前來踢館的老師只想保護自己工作，完全無視學生的安危，痛苦到只能蹲在會場一隅暗自飲泣。

「我覺得這些老師怎麼一點良知都沒有？真的好難以理解。有時跟他們個別地談，我也不明白，他們怎麼會這麼殘忍？這些事情是每天都在發生啊！」向來笑臉迎人的她啜泣起來，全身劇烈抖動。

如今回想，她認為記者會還是有正面意義的，至少，校方對性平事件敏感多了，外界也比較瞭解學生的處境了。爾後立法院陸續通過《性平法修正案》、《教育人員任用條例修正案》，只要是未依法通報案件或隱匿證據的教職人員，將予以解聘或免職，[1]這也算是人本長年推動相關修法的小勝利吧。

「媒體剛爆出有一二八件的時候，我爸說，這新聞真是愈報愈誇張，一二八件？怎麼可能啦，還可以吵這麼多天！」廖慧嫻又恢復一貫開朗模樣：「我跟我爸說，那份資料分析是我做的耶，我爸瞪大眼睛說，真的喔？」

記者會之後，在模模糊糊的氣氛裡，廖慧嫻彷彿嗅到不妙的氣味。家長很敏感，就像大草原上的鹿，只要一有風吹草動，就跑掉了。現在，人本有如法定傳染病，如果學生想繼續待在學校，最好跟人本保持距離，以策安全。她已預見很難再見到某些孩子了。

例如安平（化名）。他長年背負著孤獨的盔甲，且盔甲一年長得比一年更堅硬牢固，別人進不去，他也出不來。

這位師長眼中最值得驕傲的模範生，在案件中多半扮演行為人的角色，涉案數量頗為驚人，不管老師怎麼問，他不是堅不吐實，就是避重就輕。廖慧嫻想接近他，瞭解他的苦處，安平劈頭第一句話便問她：「老師會不會知道我跟你說了什麼？如果我說了，老師會不會被處罰？」

廖慧嫻很老實，不想騙他：「我不知道。可是你現在很無助，對不對？我很想幫你。」安平沒得到他要的答案，就不再說了。後來聽說安平一度痛苦到自殘，她有種好無助、好卑微的感覺。

明芬（化名）也是如此。廖慧嫻剛認識她時，這個熱情善良的小女孩幾乎是毫無保留地把被害經歷說出來，那真是無法想像的殘酷。

「暑假我陪她念《面對兒童性騷擾手冊》一篇文章，還送《玫瑰花與兔子》[2]給她，她好高興喔，還說歡迎我開學以後去找她玩。她媽媽不識字，又不會手語，不知道怎麼跟小孩溝通，母女倆生活在同一個屋簷下，卻像各過各的，媽媽忙著打工，明芬拚命看電視。」

明芬告訴廖慧嫻，如果說出來被性侵，會讓同學及老師受到懲罰，她不忍心。縱使她心裡有恨，可覺得大家從小在一起，親密有如家人，如果沒有了他們，就有種莫名悲慘的、近乎於恐懼的感覺。

起初廖慧嫻不明白，明明是學校、老師的疏失，怎麼孩子老替他們著想？「後來我聽別的學校輔導老師說，聽障小孩在家覺得自己像外人，看電視的時候全家都在笑，只有他們不知道有什麼好笑，讓他們有被孤立的感覺。」廖慧嫻認為，學校就是孩子的家，他們只記得老師的善意，學校的好，只要老師說了什麼，他們總是深信不疑。

然後，廖慧嫻擔憂的事終於發生了。她想去看看明芬，媽媽先是委婉推託，後來便以客氣堅定的口吻說：「老師會幫我們處理，不麻煩你們了。」刻意不讓明芬的過去在生活中留下痕跡。明明是受害者，卻像是有把柄落入人家手上似的，動彈不得。

曉光也有點慘。他與張萍及廖慧嫻熟了以後，常往人本辦公室跑，能在那兒混多久就混多久，愛什麼時候去就什麼時候去。快開學之前，細心的廖慧嫻察覺他有些焦躁，才知道他擔心住校又會被欺負。曉光的擔憂不是沒有原因，果然開學沒幾天他在洗澡時又被學長騷擾，校方以「擔心發生意外」，不讓曉光住校。他必須每天早上四點多起床，騎腳踏車轉火車再銜接學校交通車，才趕得及上第一節課。長時間交通往返導致睡眠嚴重不足，讓他多了兩圈又黑又藍的熊貓眼，不只成績直直落，身體也變得很差。最令人不忍的是，他在調查時的高配合度，竟被少數老師視為「麻煩製造者」，總是找機會修理他，體罰他。可是曉光說，上課很無聊，又被老師打，可是他還是喜歡上學，至少學校有朋友，總比一個人在家打電腦有趣多了；至於被打？沒關係，哭一哭，揉一揉，就好了。

廖慧嫻的心都快要碎了。如果學校擔心孩子的安全，不是應該改善宿舍管理問題嗎？怎麼反而是把小孩趕出去，拒絕讓他住校呢？

2

事情爆發之後，教育部訓育委員會組成「校園性侵害性騷擾事件專業輔導諮詢小組」，其中彰師大輔導與諮商學系教授陳金燕獲邀進入團隊，負責協助、參與該校諮商輔導、性別培力及事件處理。馮喬蘭聽說陳金燕進入諮詢小組的第一個反應是：「太好了，孩子終於有救了！」

陳金燕在輔導界資歷十分完整，她只問專業不問官位，言人所不敢言，做人所不敢做的行事風格，頗受推崇。她接獲邀請後要求諮詢小組必須提高督導層級，不應只由訓委會常委擔任召集人，教育部從善如流，改由教育部次長擔綱。她從校外尋覓人才組成專業團隊，找來手語翻譯，進入學校展開工作。

輔導諮詢小組想大刀闊斧有所改革，卻處處碰壁。他們要求校方提供安全地圖，校方研擬了半天拿不出像樣成果。他們向行政單位調閱資料，單位主管說：「諮詢小組沒有指揮權，校長批示同意才可以給。」幾個月下來，輔諮小組不斷與校方開會、開會、開會，聽取一堆既沒具體進度、也無實質做法的報告，就算不滿、氣憤，也無技可施。

這時中辦接管學校已經快四個月了，原先代理校長做不到三個月就請長期病假，中辦違背代理順序，逕自指派實習輔導處主任代理校長，無異是「球員兼裁判」。這樣的人事布局，真的能促成學校改革嗎？

就在眾人早已淡忘此事之際，只有人本緊追不捨。二〇一二年一月十一日，史英到臺北地方法院地檢署按鈴申告，控告教育部長吳清基及中辦主任藍順德違反《刑法》第一三〇條「廢弛職務釀成災害罪」，意思是公務員對某種災害具有預防或遏止的職務，卻廢弛其職務不加預防而釀成災害，希望藉此喚起民眾的注意，也喚醒官員的良知。

教育部只是再三強調做了哪些努力，並表示「針對專業輔導諮詢小組委員意見，本部一律採納，並由學校各負責單位直接與委員面對面晤談改善情形，本部並由中辦成立專責行政督導小組，將委員建議事項逐項列管改善情形，非如人本基金會稱學校行政干擾情事。」然而事隔一個月，輔諮小組就莫名其妙被打入冷宮，再也沒開過會了。[3]

官僚體系有如一道萬仞高牆，這道牆比我們想像的高多了，不管是要繞道而行，或是想打破闖進去，都沒那麼簡單。一切的管道與契機，有如都被堵得死死的。

看來，又只有訴諸法律一途了。

1 二〇一一年五月十九日，立法院通過《性別平等教育法》修正案，若是違反通報規定，致再度發生校園性侵害事件；或偽造、變造、湮滅或隱匿他人所犯校園性侵事件之證據者，應依法予以解聘或免職；二〇一二年十一月十五日通過《教育人員任用條例修正案》，只要涉性侵罪遭判刑確定者，終身不得再任教育人員，已任用者也應予解聘或免職。明知校內發生疑似性侵害事件，卻未依法通報、致再度發生者，或隱匿相關證據，也予解聘或免職，不得再任教育人員。

2 人本與森林小學出版的一部有聲書，大致內容是：玫瑰花和兔子是好朋友，玫瑰花好想跟兔子一樣想跑就跑、想跳就跳，可是她的根長在土裡，動也動不了。兔子安慰玫瑰花，還和玫瑰花一起祈禱……這麼一來玫瑰花就可以「動」了嗎？會動的玫瑰花會不會遇到什麼危險？作者主要想透過這個故事，讓孩子體會「痛覺」是動物的自我保護機制，也是人類必要的機能。

3 見〈從性別與諮商輔導的觀點談特教學校中的性平事件——以南部某所特教學校為例〉，陳金燕，《教育部性平教育季刊》第六期，二〇一三年五月。陳教授在該文注釋二中言簡意賅地說明該小組無疾而終始末。二〇一二年九月十三日，教育部透過電子郵件聯繫小組成員說，部長將致贈感謝牌，換言之，諮詢小組實際運作時間為二〇一一年九月二十六日至二〇一二年二月二十二日，最後在不明原因下停擺七個月，直至二〇一二年九月二十日以感謝牌為諮詢小組畫上句點，宣告解散。沒有任何結案報告，也沒有與任何團隊交接，無疾而終。小組成員包括陳金燕教授等拒絕領取感謝牌。

III 人性的試煉

一、潘朵拉的盒子

1

「如果我一直保持沉默，假裝什麼事都沒發生，是不是一切就會不同？」

這些年來，這個問題像個反覆掙扎的問號，不斷在D老師心底重覆出現，有時他甚至懷疑，自己堅持的理由是什麼？

不少人勸他，這些學生就是這樣啊，就算你把案子都查清楚了，又怎麼樣？他們是不可能改的啦。當然，也有不少人冷言冷語批評他「沽名釣譽」、「搶著當英雄」、「想把學校搞垮」。

他從不覺得自己特別熱情，或是特別有正義感，對他來說，調查性平案是職責，他有義務、也有責任完成這項工作，如此而已。他怎麼樣也沒有料到，向來謹守本分的自己，有一天竟成了全校公敵。

※　※　※

D老師在這所特教學校服務很多年了。「以前在特教學校教書，別人不會覺得你特別有愛心，只覺得你沒什麼本事，才會『淪落』到去教『那種學生』……」看我一臉驚訝，D老師再度強調：「真的啊，以前每次回老家，親戚鄰居都看不起我，家裡也覺得很沒面子。」

剛進學校時，他的薪水一萬六，只能勉強度日。不過學生人數很少，沒有升學問題，工作壓力不大，沒什麼好抱怨的。與孩子相處久了，他的心態逐漸從只想單純教書，變得很想進一步瞭解他們，原來主修「智能異常」的他開始勤學手語，文法手語與自然手語都很嫻熟。他經常找機會與學生聊天，慢慢踏入那個沒有聲音、細膩而幽微的世界。「聽障生非常依賴肢體動作及視覺來溝通，經常用拍打、碰觸對方引起注意。他們也很敏感，懂得從對方的表情中，覺察沒說出口的意思。」D老師這麼告訴我。

住宿型學校的學生每天一起上課吃飯睡覺，情感異常緊密，與學校以外的世界接觸有限，生活圈相對封閉，若是老師不教、家長不提的事，他們幾乎無從得知。學校教的書寫文法與一般寫作語法不同，就算看電視看報紙上網站，他們不見得能夠理解，自然與外界的隔閡愈來愈深。「我承認他們是跟一般生不太一樣，但這個『不一樣』，不是聽障的關係，而是環境造成的。」D老師語重心長地表示。

二〇一〇年十二月，身為學校性平會代表的D老師被告知要調查性平案，那時他想，十來歲的小孩懵懵懂懂的，哪懂什麼是「性」啊？想的是絨毛玩具或電動玩具還差不多。

沒想到，情況完全超出他的想像。

原先他們手上只有七、八件案子，而且多半是「處理過」的案子，是人本指出調查程序不符規定，學校才重啟調查。學生的防衛心都很強，經常顧左右而言他，調查小組費了很多功夫說之以理，動之以情，終於有學生敞開心房，說出隱忍已久的痛苦與悲傷。

那真是椿殘忍的任務，他們必須深入瞭解案發時的每一個過程，每一個細節。當學生娓娓訴說事發狀況，D老師身體是顫抖的，胃不停地翻攪，很想吐。怎麼可能？這些都是他一路看著長大的學生，怎麼可能欺負、或被欺負了那麼久？他們為什麼都不說？

他們約談一位受害女學生，行為人坦白犯行，女學生卻抵死不認，不斷推說沒有，不知道，忘記了。調查小組揣測她不是難為情，就是出於害怕，決定換個方式問她：「你是不是怕說出來了以後，有人會被捉起來？」

女學生臉上蒙上一層陰影，未置一詞。

「我知道你很害怕，可是如果你不說出來，其他同學會繼續被欺負啊！你不希望他們跟你一樣受苦，對不對？」

女學生低著頭，不安地在椅子上來回滑動。

「你是不是怕說出來了，阿公會很傷心，所以不想說？」女學生是阿公帶大的，祖孫倆感情很好。

女學生頓時崩潰，泣不成聲。她終於說出口了，而且一說，就是橫越數年的受害史。她說，每次男同學欺負她，她都會大叫，可是沒有人聽到。她要對方不要這麼做，對方卻說偏要。她覺得好痛苦，好想報復他們，同樣受害的好友明芬（化名）安慰她：「不要難過，只要等到我們熬到畢業以後，就不會被欺負了……」

負責翻譯的手語老師臉色發白發僵，再也比不下去了。另一位調查老師嚶嚶啜泣起來。

D老師拚命地嚥口水，決心不要哭出來。女學生抬頭看著他，他發現十四歲的她看起來怎麼那麼老，既老又疲倦。他沒辦法再問下去了，他真的不能。

「先暫停一下吧。」他咬緊牙跟，低著頭，勉強讓聲音不帶任何情緒。

現場所有人哭成一團。他急急走出教室，才剛闔上門，不聽話的眼淚便滾下臉龐。

2

南臺灣豔陽高照的秋老虎過去了，接下來幾個月，整個城市將籠罩在冬天的灰暗中。

D老師把辦公椅轉向窗戶，視線望著灰濛濛的天空。他閉上眼睛，希望永遠都不用張開，一旦睜開眼，四周有太多事情他無法理解，他感到痛苦而困惑。

這段調查的日子很漫長，充滿了焦慮。每處理一樁案子，他必須聆聽行為人、受害人、證人等多方說詞，同樣的情節必須反覆聽上好幾次，就算沒有親眼目睹，光是用想像的，就讓他夜夜難以成眠。

聽障生不太懂得使用具體詞彙表達，訴說的內容零碎而不完整，不過僅憑這些片段說法，就足以追查出一連串案外案。例如本來調查小組只知道A欺負B，進一步追查才發現，C、D、E也欺負過B；他們原以為只有B被欺負，沒想到詢問C時，C卻老實坦承還欺負過F、G、H……

所有案子牽牽扯扯，纏纏繞繞，案件數不斷往上竄升，小學部某班學生幾乎無一倖免。這個結果不只駭人，更讓校方無法接受。

「因為案件數一直往上飆，主管跟我說，你們不要太認真，查案查過頭了，」說到這裡，D老師忍不住苦笑：「那時我沒聽懂，想說什麼叫『查過頭』？找我調查，不就是要查個水落石出嗎？」

就算他再怎麼「天真」，也不可能沒有察覺其中詭異。這些事從二〇〇四年就發生了，地點從教室、廁所、宿舍、浴室、校車到老師家，怎麼可能沒人知道？孩子很單純，不太可能說謊，事實擺在眼前，由不得他不信：少數知情人士企圖大事化小，小事化無，東窗事發後又意圖掩蓋證據，一手遮天。

日後監察院的報告，眼睜睜的鐵證如山：

> 該校在九十八年以前未成立調查小組積極處理案件，自九十九年後始因外界關注而成立調查小組，比較積極處理案件……但九十八年度輔導組長〇〇〇卻於該校「九十八及九十九學年度校園性侵害及性騷擾案件一覽表」中「是否有組調查小組」一欄卻填寫「是」，填具不實資料，意圖掩蓋事實。
>
> 九十九年十一月二十日有學生在〇〇家脫褲搓生殖器，〇〇〇未依規定通報處理，復於該校校園學生事務與輔導事件處理情形回報表自行填載：帶隊老師有查房，已盡到照顧責任等語，且於知悉案件後自行回報主管單位本案處理情形，意圖掩蓋事實。
>
> 九十八年十月十四日工作日誌上記載女學生以美工刀割手腕自殺，生輔員嚴詞指

責其不該自傷，該日誌有六位住宿生管理員簽名及生教組長○○○、訓導主任○○○、前校長○○○等人之核章，卻無人深入探查原因。直到一○○年間調查小組訪談時始發現，該生曾在校車上被男學生集體或單獨性侵多次，雖有學生曾向隨車生輔員○○○報告，○○○卻未處理。○○○稱：其曾告訴生輔員○○○，○○○稱此為小事，不必寫在記錄簿上等語。[1]

一切變得清清楚楚，答案老早就躺在那兒了，只是大家不敢、也不願相信。

D老師想起有學生問他：「如果全部說出來的話，真的就能得救嗎？會不會害到老師？」說時雙手握得緊緊的，不停地發抖。

剎時間他明白了。主管說他「太認真」，不是關心他，那是種細膩的暗示，幽微的警告。

還要查下去嗎？

他心裡當然很擔心，也很害怕。如果再繼續查下去，一定會面臨排山倒海而來的壓力。過去沒有人明白學生過的是什麼樣的日子，也沒有人伸出手，解救他們的痛苦。現在既然他已知情，又怎麼能見死不救？

眼前有兩個選擇：假裝視而不見，或是讓自己過得心安理得。他選擇了後者。

潘朵拉的盒子一旦被打開，就再也闔不上了。

3

外界一直很難理解，學校發生那麼多事，涉案學生又那麼多人，為什麼老師不為所動，放任不管？

我問過D老師這個問題，他說：「大部分老師只負責教書，生活上的事，或宿舍發生什麼，生輔員不說的話，我們不會知道。」他想了一下，再度肯定答道：「對，真的是這個樣子。」他相信多數老師是被矇在鼓裡。

要說所有教職員放任不管也不盡公允。就我所知，有生輔員發現正祥與曉光發生關係，隔天便向老師報告，校方確認是性平案後按照規定通報，但在調查過程中意外發現的案外案，卻僅以口頭訓誡了事。為什麼同樣是性平案，卻有不同做法？難道沒被當場逮到，就不算數？

「小孩偶而會打打鬧鬧，不必太認真。」這是許多老師的說法。

我覺得他們住宿是在玩鬧，那些孩子可能對我們認為嚴重的事情覺得是好玩，就

算很嚴重也不會說出來。(某老師)

上學期○○和◎◎曾經跟我說過，晚上睡覺時床會搖，我就去問◇◇◇生輔員，◇老師說有時候學生上下床鋪或翻身都會造成床的搖動……那時候也沒想太多，只以為是翻身或上下床。(某老師)[2]

對於這樣的說法，張萍非常不以為然：「就是老師的警覺性不夠，小孩才會一直搞不清楚。案子查出來以後，小孩經常問我，為什麼不可以對人家『那樣』？以前別人對我『那樣』，老師也沒有怎麼樣啊，就算跟老師說了，也沒有人被處罰啊，為什麼現在我要被罰？」

無論是出於無知或好玩，被迫被騷擾或性侵，受到的傷害同樣巨大。專門研究受虐及被性侵兒童心理的專家指出，被侵犯的孩子經常不瞭解自己擁有隱私，也不知尊重他人隱私，因此很多時候會轉成「反應性」加害人。[3]如果成人忽略了這點，抱持「沒什麼大不了」的態度，往往會錯過介入及治療的黃金時機。

張萍苦勸學校留意，某主管冷冷回她：「孩子長大了就會有需求，我們能怎麼辦？只要是人，都會發生這種事！」她去參加性平研討會，某教授公開指出：「這些小孩感覺跟我們不一樣，你們以為他們很痛苦，其實未必，因為他們跟一般小孩不同，需求也不一樣，不一定很痛苦。」甚至有老師當面告訴她：「這些小孩本來就有病！」這樣的說詞實在是太簡單，太堅決了，常讓張萍懷疑自己是不是聽錯了。聽障生的（性）需求，果真與一般學生不同嗎？難道除了聽障，他們還有其他障礙？

陳金燕教授提出截然不同的見解：

每當在「特殊教育學校」之內或「特教生」之間發生性平事件時，總難免聽到類似以下的說法：「特教生和別人（一般人）的感知不大一樣」、「他們（不懂那些或沒有那樣的意圖）只是在玩而已，沒有那麼嚴重」……等。乍聽之下，似有道理，但是細究之後，可輕易地發現這些說法背後明顯的迷思與偏頗。因為，前述說法，隱含著一個錯誤的前提：所有的特教生都有智能方面的障礙，所以無法正確地感知、理解、判斷……特教生雖有特定的感官障礙，但並非所有感官都有障礙……因此，視所有特教生均為智能障礙者，甚而看輕、歧視他們的潛能與表現，實乃彰顯著迷思者本身的寡聞與無知。[4]

嘉義大學特教系林玉霞教授、新竹教育大學薛明理教授指出，聽障生在接收訊息時經常產生困難，造成與外界溝通及學習的障礙，常被誤認為是「認知缺陷」，他們不是「認知」有問題，而是「學習語文」的能力與一般生有所差異。[5]

如果聽障生沒有認知問題，為何老師仍認定他們「異於常人」？有兩種可能：

一、學校沒有提供（足夠且正確的）性教育，導致他們產生錯誤行為；

二、學校已提供（足夠且正確的）性教育，仍無法導正他們的錯誤。按照該校的說法，他們已努力宣導反性騷擾／性侵觀念，也盡量將性平知識融入課程，孩子依然故我，他們也無可奈何。

如果學校已提供足夠且正確的性教育，卻無法扼止性平事件，會不會是教學方法出了問題？

據我瞭解，該校老師精通手語者不多，在教學或溝通上狀況頻傳，早已不是新聞，過去婉柔的不幸就是最好例子。何況，不諳（自然）手語要如何傳授性知識？聽障生又能瞭解課程內容多少？這裡頭有太多、太多的問號了。高師大楊佳羚教授說：

只有當老師檢視自己原先對特教生的成見，反省既有性別教育的不足，才能設計出符合特教生需求、讓特教生賦權增能的性／別教育；也只有當學生發現自己表達的話被大人認真看待時，她／他們才能長出自尊自信，也能在重要時刻清楚表達自己意願。這樣的性教育也回過頭來，讓原本的性騷擾防治教育更加有力與有效——因為，當學生有能力說「要」，可以為自己決定時，她／他們才有能力拒絕被侵犯或受壓迫的情境。如果大人們很少傾聽她／他們的聲音，不把她／他們視為可以表情達意、自我決策的主體，又如何讓特教生們相信當她／他們拒絕性騷擾或性侵犯時，對方會把她／他們的話當作一回事而停止侵犯的行為？[6]

老師的心態，才是問題的癥結吧，他們不想、也不願承認自己的怠惰，便把一切歸咎於學生的缺陷。如果學生表示痛苦，先否定他們的感受，然後再說服自己：「他們的認知系統跟我們不一樣。」當老師誤以為聽障生與一般生擁有不同感覺、思想及價值，等於是將他們「去人化」，貶低抹消了「他們」與「我們」共享的特質，而這個「去人化」的過程，又會助長了對聽障生的偏見與歧視。

該校老師對相關法令的一知半解，也讓人難以置信。以B校長及C校長為例，他們似乎以為「只要學校有處理，就不見得要通報」、「只要家長道歉，就不用調查」。B校長曾說，她在別的學校當校長時，「只要通報，其他都不用管」，[7]不少老師在接受調查時也異口同聲表示：「沒有人告訴過我們要通報，現在為什麼要怪我們？」

不論是《性平法》、《性騷擾防治法》、《兒童及少年福利與權益保障法》、《身心障礙者權益保障法》、《性侵害犯罪防治法》、《教師法》都有相關規定，教職員發現特教生有疑似性侵事件，應立即向主管機關通報。身為老師的他們對相關法令毫無所悉，難道不是失職嗎？學校不是有性平委員會，每學期至少要開一次會嗎？他們開會在做什麼？怎麼一旦出事，就推說什麼都不知道？

理念歸理念，現實是什麼？輔大法律系教授吳志光在〈校園性侵害及性騷擾事件防治之困境與挑戰〉一文中務實地指出，欠缺完整培訓以及人力不足，是各級學校老師普遍面臨的窘境：

> 目前教育部及地方主管機關雖已舉辦校園性侵害或性騷擾調查人才之培訓及各種講習，但對於業務承辦人員、性平會執行祕書等校內相關行政人員的訓練可能仍有待加強。且依據筆者的經驗，縱使是受過專業培訓者，亦不代表在實務上即能順利處理，上述現象均可能導致根本未依法處理，或縱依法但程序上亦出現重大瑕疵……
>
> 目前多數學校，甚或是縣市政府教育局，性別平等教育相關行政業務承辦人員均僅有一人，且身兼多項業務。因此當學校發生性侵害或性騷擾申訴案件時，該名行

政人員在學校階層中的層級不高，且還必須要負擔申訴案件所帶來的繁瑣業務和龐大壓力，而其身兼的其他職務也不會因為調查案件的進行而減輕或停止……對於擔任性平會委員或校園性侵害或性騷擾調查小組委員，相較於校內其他委員會或會議，是較為辛苦、吃力不討好的職務，調查時間長，且往往付出與所得不成正比，也無法以金錢來衡量，甚至有可能還要承擔被告的風險，多少也影響參與之意願。[8]

吳志光從結構面點出老師的難處，也有家長從現實面替老師抱屈：

南部特教學校家長會長林柏宏認為，學校交由教育部接管後，雖然教室和校舍空間的確有實體改革；但他發現，專業輔導諮詢小組每週到校一次，多是與學校行政人員開會，請校方簡報，很少實際走訪校園，無法瞭解教學現況，提出協助。他認為專業輔導諮詢小組應明確告訴老師如何改善，而非讓老師摸索，效率太差。

林柏宏身為學校性平委員會中的唯一家長，從沒受邀參與專業輔導諮詢小組到校所召開的會議，即便家長會想介入關心，卻無從做起。從南部特教學校性平事件爆發後，林柏宏發現，教育部人員每每到校訪視，多為督導性質而非協助，反而造成老師壓力，他提議，若教育部有心瞭解學生實際狀況，「歡迎教育部半夜來突擊訪視」。[9]

處理性平案，既吃力不討好，又會惹上麻煩，難怪老師視之如畏途。在某場校園性侵問題研討會現場，有老師忍不住大吐苦水：

今天本來覺得安安靜靜聽演講就好，可是我愈聽愈覺得滿腹委屈！不可否認的是，有些不太好的老師，可是真的不要否定全部的老師，好像一、兩個個案出來後，大家就罵老師不對！當校園發生性侵案件時，為什麼其他老師不敢通報，因為老師面對的壓力是很大的，我們都知道，孩子可以在很安全的環境之下，去治療他的心理，可是一旦曝光時，後面的資源沒有進來，只把瘡疤揭開，怎麼辦？社工沒有進來啊！專業人員沒有進來啊！我們通報了，社會給我們什麼樣的資源呢？我們是師資培訓法出來的，專業是教書。可是現在社會給我們老師太多壓力……當我們通報時，生命遭到危險，請問我們怎麼辦？[10]

我完全可以理解老師的焦慮。人力不足、訓練不夠、資源不夠，導致面對性平事件手足無措，這些都是制度性、結構性的問題，不是個別老師的責任。但，老師的職責是什麼？難道只限於教書？過去「傳道、授業、解惑」的師生關係，在現代社會已經不適用了嗎？

巴西教育家弗雷勒（Paolo Freire）曾說：「身為教育者，我們既是藝術家，也是政治家，我們從來就不是技術人員。」老師的任務不只在於傳遞知識技術，更重要的是培養學生基本生存能力及公民素養，正因老師不只是「職業」，更是「身分」，擁有這個身分的人理應具有更高尚的信念與道德勇氣，所以一般對師者總是充滿景仰與尊崇。曾幾何時，有愈來愈多老師不再作如是想，他們以為自己的職責就是教書，也只有教書，其他一概與他們無關。張萍對此感受尤其深刻，她說每次處理學校性平案，很多老師的反應都是：「我只負責教書，為什麼還要通報？」「又不是我性侵學生，關我什麼事？」

「你以為那些老師遲早會良心發現？覺得自己有虧職守？」張萍搖搖頭，露出一副「別傻了」的表情：「他們根本沒想那麼多，他們只是在上班賺錢而已。」

我很難想像，如果有學生告訴老師他被侵害，老師可以理直氣壯地說：「我只負責教書，不懂法律，也不會調查，而且通報的話我壓力會很大，會有生命危險，所以不關我的事」？

除非是鐵石心腸。

4

很多人告訴我，人本向來就對老師有很深的成見，這次是剛好逮到學校小辮子，才會緊咬不放，他們根本就是故意找碴！

新聞剛見報時，有大學教授投書媒體，認為整起事件是人本「大驚小怪」：

特教生因為從小生活在一起，打打鬧鬧，互相追逐，互抓生殖器為樂，不以為意。老師們雖然經常勸戒，他們卻認為是開玩笑，何須大驚小怪？等到不舒服的感覺出現，有家長向政府舉發而獲得「國賠」後，原本在他們眼中沒什麼的小事，頓時變成一樁樁的猥褻案、騷擾案，學校頓時變成「性煉獄」！[11]

真是「本來無一事，人本惹塵埃」嗎？

我跟張萍他們談過很多次，倒不覺得人本對該校有什麼成見。當然，婉柔的事是張萍心底最深的痛，而A老師與B校長等人避重就輕，無力改革，更是雙方互信基礎趨近於零的關鍵。但外界未必知悉的是，該校曾有過惡行重大的「狼師」，而且，不只一例。

那是二〇〇九年初的事了，某位教授金工的老師多次猥褻學生，被學生拍下照片，罪證確鑿，行政院性平會亦建議應予以解聘。沒想到擁有人事大權的教評會兩次做出「不解聘」的決定，直到有人主動向人本爆料，才讓該名老師的劣跡敗行公諸於世。

為什麼教評會有這麼大權力，可以推翻行政院性平會建議？原來，過去《教師法》並沒有性侵教師必須被解聘的條文，而是交由教評會自行決定。二〇〇九年春天，人本與立委共同召開修法公聽會，邀請三位涉及性平案件的學校校長出席交換意見，B校長是其中之一。他在公聽會上不斷替「狼師」求情：

> 剛剛說如果有性侵就一律解聘……我們也有一直請教中部辦公室的長官，長官是認為說，社會輿論對老師的操守是採取高標準，所以只要是查證屬實，不管是性騷擾、性猥褻、性侵害一律都是解聘，這樣的情況，所以我們學校才會大家一直在受很大的一個煎熬，性騷擾也是。再來，就是說，既然解聘，能不能給他們一點點的生存的空間，給他們輔導就業，這是我的一個感受啦，因為我們學校這個案子上有高堂、老母，全家都靠他，這樣的情況我覺得真是大家可以討論一下，因為這樣的情況之下既然已經和解，造成家裡頓失經濟的一個依靠，不知道怎麼辦？[12]

原來B校長真正在意的，是同事的飯碗！

「後來是我們揚言要去學校拉布條抗議，學校才解聘了那個老師耶！」事隔多年，張萍想來仍是氣憤難平。[13]

人本製作過一份「B校長嘉言錄」，裡面記錄了B校長為「維護校譽」提出的各種說詞。我原以為這份嘉言錄已是自圓其說的最高境界了，沒想到，還有更精采的。我問張萍：「你聽過最可笑的官方說法是什麼？」她不假思索地說：

「喔，很多耶。有老師嘴對嘴餵女生吃糖，校長替老師緩頰：『被親的女生都是眼睛大大、很漂亮的女生，老師只是沾一下嘴唇而已』；有老師硬脫女學生內衣，教師會長質疑：『這事是否達到行為不檢有損師道，界線還很模糊』；有侵犯學生的狼師沒被停職，只是考績丙等，理由是『對學生有不禮貌行為』……還有很多更離譜的，你想寫的話，可以寫很多啦！」

性平報告剛出爐時，張萍的直覺告訴她，問題肯定沒那麼簡單。性侵不像颱風、地震這類的災難，突如其來，來了就走，而是逐漸明顯、不斷加重的威脅，她高度懷疑孩子是長年受害，而且都是先「受害」才轉為「加害」。不過打探這樣難以啟齒、又不光采的事很不容易，而且，要向誰打聽呢？

她與黃俐雅四處探問，偵探似地隨時搜尋蛛絲馬跡。聽障圈子很小，人本義務協助特教生打官司的消息逐漸傳開，幾位畢業校友主動表示願意私下聊聊。

老校友說，三十多年前有美術老師常找同學去他家，名義是「課後輔導」，其實是提供「性服務」，一次代價是兩百元。還有女老師專挑俊美的男同學下手，大家心知肚明，卻心照不宣。

老師把特教生當「性工具」，還可以安安穩穩做到退休？

「你們怎麼知道？」黃俐雅問道。

「同學之間都會說啊。」（這時有校友插「嘴」提到，那位美術老師硬脫他同學長褲，被同學逃掉了。）

「你們有沒有跟其他老師說？」

「沒有。」

「為什麼？」

「怕被老師罵。」

「為什麼覺得會被老師罵？」

「平常就常被老師罵啊，而且就算說了，老師也不會相信。」

就算說了，老師也不會相信。這是所有學生的共同反應，三十年來不曾改變。

老校友說，學長欺負學弟妹的事，以前就常發生了，他們都知道，可是沒人敢反抗。學長是學校的「老大」，沒有人敢不聽，他們平常與外界溝通很不容易，如果又被學長排擠的話，就很難再交到朋友了。

那麼悲傷的事，就這麼烙進幾代畢業生的青春記憶，也永遠改變了他們對學校的看法。談著談著，老校友的話匣子打開了，透過手語七嘴八舌討論起來，讓手語翻譯幾乎來不及解釋。就算看不懂手語，光憑他們激烈的肢體動作及臉部表情，仍能感覺到一股深沉的憤怒與哀傷。

事後張萍及黃俐雅才得知，那天在場有對聽障夫妻，當年太太就是被先生性侵，校方怕事情鬧大，才極力說服雙方父母讓兩人結婚的。

悲憤的情緒擴大著、蔓延著。黃俐雅腦中冒出婉柔國賠協調會時，B校長脫口而出的一句話：「你們不知道以前發生這種事，都是這麼處理的嗎？」

她這才恍然大悟，向來擅長自圓其說的B校長，那天並沒有說謊。

1 引自「國立〇〇〇〇學校性別平等教育委員會第1000314號案調查小組調查結果報告書」頁四三、頁五四。

2 引自監察院一〇一年劾字第十三號彈劾案文，二〇一二年七月十六日。原文並未隱匿涉案人名，〇〇〇是作者自行處理的結果。

3 《性侵害兒童的處遇策略》，Cheryl L. Karp & Traci L. Butler著，王文秀等譯，心理出版社，二〇〇九。

4 〈從性別與諮商輔導的觀點談特教學校中的性平事件——以南部某所特教學校為例〉，陳金燕，《教育部性平教育季刊第六期》，頁四十九，二〇一三年五月。

5 〈聽覺障礙者之教育〉，林玉霞，《融合教育論文集》，頁五九至頁九十，二〇〇一；〈對話日誌於啟聰教育之應用〉，薛明里，《竹師特教簡訊》，頁一至頁五，二〇〇三。

6 「向身心障礙者學習的性／別教育」，楊佳羚，《教育部性平教育季刊第六期》，頁十一，二〇一三年五月。

7 當天B校長說法如下：「因為我也在高雄縣當過校長，當時學校發生這樣的事情的時候，我們高雄縣是叫我校長只要通報就好，其餘的調查就請我校長說不要介入了，他們會去把案情處理的很清楚，所以我以後所有的情節我都不知道，所以我覺得這也是一個好處。」見立法院「檢討校園性侵害不適任教師處理機制公聽會」發言紀錄，二〇〇九年四月二十日。

8 〈校園性侵害及性騷擾事件防治之困境與挑戰〉，吳志光，《性別平等教育專業發展研討會／實務工作坊／大專院校（五）》，頁四六至頁四八，二〇〇七。

9 〈性侵案處理沒效率　人本告教部〉，張舒涵，《立報》，二〇一二年一月十一日。又，文中「林柏宏」應為「林柏鴻」之誤。

10〈正視校園性侵害——南北座談會〉，《人本教育札記》二五〇期，頁二五，二〇一〇年四月號。

11〈隨波逐流的品德教育〉，黃光國，《人間福報》，二〇一一年九月二十九日。

12「檢討校園性侵害不適任教師處理機制公聽會」發言紀錄，二〇〇九年四月二十日。

13立法院直至二〇〇九年十一月五日三讀通過《教師法》第十四條修正案，明定「教師涉及性侵行為，應先停聘靜候調查，若經學校性別平等教育委員會查證屬實即予解聘。停聘接受調查期間，不得支領半薪。」

二、旁觀者的痛苦

1

時序進入冬天了，校園裡瀰漫著一股不尋常的寂靜與冷冽。

外界以為學校捅出這麼大的婁子，撤換C校長是理所當然。但學校老師很替C校長抱屈，他們以為C校長接任以來做了很多事，像是進行個案輔導、召開男住宿生會議宣導反霸凌及反性侵害、寢室衣櫃改成可以上鎖、加強寢室房間巡視、學校加裝監視器。他已經那麼努力了，為什麼要把他換掉？

不只老師支持，家長也力挺。該校家長會長去函人本基金會，表達對C校長的肯定：

本會全體家長一致肯定〇〇〇校長，兩年任內辦學之精神與付出特教之態度，全體家長及學生有目共睹，至今仍十分懷念校長辦學之堅持，於九月十六日起一週內一九六位家長連署、十月二十五日一〇二位本校教職員工連署、十一月八日一〇〇學年家長委員會改選後全體常務委員連署，以上均是具名連署力挺；惜社會未能瞭解實情，有所誤解，錯判用心付出之教育人員，謹此說明。

受害孩子的家長倒是對C校長沒什麼惡感，我聽過最嚴厲的批評是「沒什麼肩膀」，如此而已。也有家長提到C校長時語帶不捨地說：「他很認真，很有心想做啦，碰到這種事，只能說他很倒楣。」

「C校長做了什麼，讓你有這種感覺？」我問。

「他裝了很多監視器啊，而且出事以後，也有寫信關心我們！」

那封寫給全校家長的公開信，內容說得委婉含蓄，顯然是針對一連串性平事件而來：

這兩年來經由學校持續推動性平教育的過程，孩子性平意識提升了，能正確瞭解行為的對與錯，並且願意也有勇氣說出過去的偏差事件。學校知悉後，除必須依規定通報外，更必須依調查結果，積極實施教育輔導措施，希望盡速導正孩子偏差觀念……在這個時候，孩子需要的是：家長和學校一起合作……學校也要持續加強各項性別平等相關教育規劃……若調查結果有具體事實證明，學校成員有疏失犯錯，則送相關考核會議議處，絕不袒護。

學生性平意識是否有所提升？是否已正確瞭解行為的對與錯？外界難以確定。但C校長這封信寫得真摯感人，讓不少家長對他的用心深信不移，至少，他總比B校長認真吧。若是C校長這麼有心，這麼努力，為何性平事件還是持續發生？難道真如他說的：「如果再多給我一點時間，就可以看到成果了」嗎？

如果C校長沒被撤換的話，性平事件是否就會減少？根據人本統計，兩年來每學期案件量十分平均，並未因加裝監視器或是換校長而下降。若是C校長以為加裝監視器，身心障礙廁所上鎖，在宿舍門口掛鈴鐺能終結案件層出不窮的現象，是不是過於天真？

已有學者專家說過，也說得很清楚，該校的危機不在硬體設備不足或監督不周，而是教育方法及心態出了差錯：課程缺乏性平教育，老師缺乏危機意識，出事後不曾從教育觀點輔導孩子，一再陷入「揪出壞人↓懲罰↓道歉」的僵化模式。孩子就算被記過，被退宿，被迫轉學，吃上官司，甚至判刑坐牢，卻對自己做錯了什麼一知半解，懵懵懂懂，這些是誰的責任？

學校不是沒有關心的好老師，只是他們也力有未逮。

> 我如果第一次有堅持○○○退宿，這件事就不會再發生，這一次我要堅持，如果○生不走就由△△離開……其他的孩子也可能受害。我找不到學生退宿的校規及機制。我雖然關心學生，一直在想解決辦法，可是事情還是一直再發生。（哽咽落淚）[1]

我認識的家長幾乎是異口同聲地說：「大部分老師都很認真，也很用心啦，可惜的是，只要有一顆老鼠屎，就會毀了一鍋粥。」

問題是，誰願意承認自己是那顆老鼠屎呢？

※　※　※

媒體與論熱氣騰騰的討論又一波接一波，尤其記者使用的字眼既尖銳又駭人，「老師縱容包庇」、「學校師師相護」，形容老師是「魔鬼」，說學校是「煉獄」。老師覺得很心酸，也很委屈，一大堆學者專家忽然出現了，讓他們一下子成了「可惡的老師」了，這樣的苦水，有誰要聽？

我覺得很委屈，整個學校的氣氛讓我很委屈。從國一開始就把這些事告知訓導處。為了孩子的事被家長羞辱，我們能接受，學校應該要挺我們……學校應該出面，聯絡簿寫那麼多，家長也沒一句道歉，訓導處只是把學生叫去，我沒有壓力，但有委屈。孩子和家長不懂，我們要教育，但學校和導師的立場要一致，不要讓我覺得一個人在孤軍奮戰。只要想把事情做好的人都會有壓力。[2]

這些無人能說、也無處可說的壓抑和暗流，逐漸蘊釀成強烈的反彈情緒，導致監察院約談教職員時，老師串連起來拒絕赴約。這下子校方可慌了，趕緊發布公告：「監察院之約詢等同辦案，乃執行彈劾或糾舉（正）之公權力行使」、「同仁或基於情緒反應或對法令認知不識，均請勿以身試法，此乃不智之舉，否則悔之莫及」、「基於為顧及同仁免受法律制裁，爰通報提醒再三，希勿自誤。」

教職員的抵制不止如此。《新新聞》有篇深入報導，透露了不少內幕：

據瞭解，在學校性平委員組成調查小組之際，時任行政專員的○○○即對調查採

> 取不配合態度，架設錄影器材、傳帶學生至訪談現場等職責事務經常藉故推辭，且自行修改其訪談紀錄；導師○○○也因態度不佳，遭校外調查人員斥責「再不配合我就請教育部處理」，才接受調查訪談。種種掣肘皆讓有心調查案件的調查小組成員備感壓力。
>
> 校園也開始傳出耳語，包括譏諷調查人員藉由案件「名利雙收」、向媒體與民間團體洩密、企圖把學校搞垮！這些手段最終導致一位教師退出調查小組，另一位求助心理醫師，還有一名看似沒有異狀，但校園流言中傷已經讓他成為沒有同事願意接近的「孤鳥」。[3]

這篇報導中的「孤鳥」，自然就是D老師了。這些日子以來，各種謠言在課堂裡、走廊下散播著，人人責難他，孤立他，認為是他不懂適可而止才會讓家醜外揚，讓學校蒙羞。

D老師不明白，當初又不是他自動請纓調查，而且性平委員是照輪的，算起來是他運氣不好，才會輪到辦這種案子，他有什麼錯？讓他難以置信的是，調查期間一起「並肩作戰」的夥伴，也漸漸與他疏遠了。他不明白，查案最痛苦的時候，大家不是一起抱頭痛哭嗎？怎麼現在反過頭來怪他？夥伴的支持就是一切，他以為大家可以一起撐過去，沒想到只是他一廂情願罷了。

「後來只要人本提到學校發生什麼事，大家都覺得是我去爆的料。其實很多我也是看報紙才知道的，不知道他們是哪裡來的消息，」D老師苦澀一笑：「唉，反正只要有人爆料，統統都是我就對了，我現在是『不對號也入座』，根本是整個車廂全包了！」

從此，他再也沒有「好日子」可過了。有特殊障礙、沒人想教的孩子，統統變成他的工作，他無話可說，同事冷冷的話語或眼光掃過，他也忍下來了。他最不能接受的，是在他「查案有功」被敘獎的同一天，莫名原因被記了兩支申誡。

> 「揭案有功」卻成為「破壞校譽」的教師，今年六月以保護投訴者為由，僅口頭告知投訴內容。缺乏具體投訴內容、當日又有五節課要上，這位前調查人員只好向人事室解釋，卻遭人事主任○○○回覆：「那是你的問題。」然而依行政慣例，人事室僅需根據投訴內容另擬文件即可做到保護投訴者，完全不提供內容的用意可想而知。該調查性平案的教師如今被告知考績丙等，因揭發案件而在二月被教育部中辦列為「有功獎勵人員」卻落得如此下場，種種遭遇又豈是外人所能想像？[4]

D老師整個人陷入背叛、沮喪與憤怒的情緒。對他最大的打擊，不是被記過或考績丙等，而是他看到人性最醜陋的一面。「在同事眼中，我是不願配合的『害群之馬』，至於那些『配合學校』的人，福利都很好，有的是課變少了，有的是調到其他學校升官。你知道嗎？有官員對被彈劾的人說：『既然監察院要你們下來，也很好，你們好好休息，以後再服務這間學校』。」

D老師覺得自己好像有點笨，如果他調查出五件案子，最後報告折衷寫成三件的話，長官一定會感激他。但他沒那麼做，他不願為升官發財而抱憾終生。

學校不是沒有支持他的同事，但只限於私下鼓勵，不敢公開聲援。「他們也怕啦，這點我很瞭解，反正現在我在學校是人人喊打。可是出了學校，像你們會覺得我做了應該做的事，很好笑吧？」

除了D老師被孤立，小元爸爸的處境也變得很微妙。老師開始對他很冷淡，熟識的家長也有意疏遠，他不生氣，只是覺得悶。在這個毫無道理的學校裡，他想改變老師、改變制度、建立警報系統，讓學生有更安全的受教環境，難道錯了嗎？

他以為自己做了該做的事，旁人的眼光，沒什麼好在意的。那日小元回家悶悶不樂，晚餐隨便扒了兩口飯便回房，他睡前刻意晃到小元房間，懶洋洋躺在床上的小元看到他進來，刻意避開他的視線。這是從來沒有過的事。

爸爸腦子裡閃過各種可能性，內心充滿不寒而慄的恐懼：「是不是學校發生什麼事？要不要告訴爸爸？」

小元不動聲色，爸爸耐心等著。不知過了多久，小元發現爸爸沒有離開才說：「老師一直問我爸爸最近在做什麼，去了哪裡，見了哪些人，還要我以後跟他報告，我覺得好煩，不知道怎麼辦。」

他們怎麼可以要求孩子打探爸爸行蹤？他們怎麼可以？

真正的麻煩還在後頭。匿名人士指控小元爸爸居心叵測，利用家長會長職務中飽私囊。爸爸衷心以為，只要他忍耐下去，不再多說些什麼，一切就會雲淡風清。直到他收到地檢署通知，表示有人匿名檢舉他盜用公款，從學校圖利，即使檢舉者提不出任何證據。[5]

「外面的人可能不知道，特教學校家長多半都沒什麼錢，常常連兩百塊的家長會費都繳不出來，」爸爸無奈說：「指控我『從學校圖利』，也要有『利』可圖啊！」

這件事狠狠震撼了他。從此，他除了承受家長懷疑的眼光，還不停進出法院證明自己清白。雖然他很有信心，相信司法會還他公道，然而他的生活、他的家庭持續處在混亂與擔憂之中。小元阿公勸他：「你一個人是玩不贏他們的，算了吧！」就連向來支持他的小元媽媽也說：「這麼做，值得嗎？」

我一直不明白，D老師及小元爸爸不是在「為校除害」嗎？為什麼反而成為眾矢之的？為什麼少數老師犯錯，其他老師寧可保持沉默，放任犯錯的人打擊異己，也不願讓真相公諸於世？

「就是鄉愿吧，」小元爸爸一針見血地說：「老師跟家長私底下常說，你這麼做是對的，加油，我支持你，可是要他們站出來，他們就不敢，就怕了，」然後他半開玩笑、又帶點憂傷地說：「所以啊，自古英雄的下場都不怎麼樣。」

經過這段日子的煎熬，他看清人們為保護自己竟會如此醜陋。如今，他接受自己無法改變別人的事實，並做出選擇，忘了這一切。只是偶爾午夜夢迴，一種孤獨總會刺痛他的心。

2

如果說D老師及小元爸爸是學校的「內憂」，那麼，人本就是學校的「外患」了。

第一次聽張萍說人本是「外患」時，我以為她在開玩笑，她神情認真告訴我：「這不是我們自己說的，是某校長上臺以後跟老師說，現在我們『安內』已經做得差不多了，至於以後，就要全力『攘外』了。那個『外』，指的就是人本！」

那日廖慧嫻陪正祥爸爸去開會，某主任什麼都沒解釋，逕自拿出文件要爸爸簽名。廖慧嫻偏過頭一看，「不調查同意書」？哪有這種東西啊？她不好明說，只得委婉表示：「這個……爸爸可以不用簽吧？」某主任愣了愣，立刻微笑轉身對一旁的某組長說：「對啊，這不是不用簽嗎？」某組長快快收起文件，不敢再提。

除了「不調查同意書」，學校還自行發明「保密協定書」，慫恿家長簽名。耀華媽媽告訴我，老師拿保密協定要她簽的時候說，簽這個是為了你們好，免得消息曝光，你們家小孩以後很難做人。

「我們自己也是怕人家知道啦，可是我們也不懂啊，人家要我們簽我就簽啊。後來是張主任（張萍）跟我們說，這是你們發生的事，如果你們願意說出來，為什麼不能說？而且，那個根本就沒有法律效用，我才知道說，原來簽那個是嚇我們的。」媽媽露出一副「好加在」的表情。

校方「柔性勸導」家長別跟人本走得太近，後來連「你們家小孩還在學校」這類字眼都說出口了。從此多數家長與人本漸行漸遠，只有少數家長決心協助揭發事實。

耀華媽媽說：「老師來勸我說，你們幹嘛去找人本？他們只會把事情搞大，說得好像我們跟人本在一起會被帶壞，好像他們會陷害我一樣……」媽媽羞澀一笑，繼續說道：「我說不會啊，張主任人很好，很認真啊，有事情我就問她，什麼我都不懂啊，去哪裡請律師，而且他們幫我們這麼多，連一塊錢也不用。我們自己的感覺是，他們都很用心，而且事實就是事實啊，哪有搞得更大？」

涉案孩子頻繁進出法庭，學校有時會派老師陪同。孩子在法庭見到張萍或廖慧嫻，總是興致勃勃想跟她們說話，卻總是被老師制止。廖慧嫻說：「有次我在法庭外看到正祥，主動走過去想跟他解釋今天的狀況，老師馬上說：『你不可以跟她說話。』就當著我的面耶。喂，我是他的輔佐人，為什麼不可以跟他說話？」

廖慧嫻隱約知道老師「不喜歡她」，卻不知自己已被列入黑名單。她接到受害的珊珊（化名）的電話說，校方通知阿公去開會，希望廖慧嫻一道去。當她陪著珊珊及阿公出現在學校時，某主任當場憤怒質問阿公：「她為什麼也會來？」

「那天我是真的有嚇到，因為主任是整個大發飆，對著阿公大罵說，你為什麼叫她來？整個人處於歇斯底里的狀態，原來他們以為只有阿公會去，想私下跟他商量，不想讓我知道，」廖慧嫻搖搖頭，無奈地說：「阿公被臭罵了一頓，滿臉歉疚地用客家話跟我說，慧嫻，我被他們罵了，你走，好不好？」廖慧嫻不想讓阿公為難，只得默默離開。事後廖慧嫻才得知，那天主任想逼珊珊轉學，甚至放話說：「班上只剩你一個女生，如果你留下來的話，出事了自己負責！」傷心欲絕的珊珊才決定轉學。

廖慧嫻年輕，卻很沉得住氣，就算遇到再無理的對待，從不曾情緒失控，還頗懂得苦中作樂。有回我去人本辦公室，她笑嘻嘻問我：「你要不要看老師是怎麼罵我們的？」原來，她把該校老師在臉書上謾罵吐苦水的內容，全部拷貝下來了。

「你看到這些留言，會不會很難過？」我問她。

「不會啦，反正把它當作調劑，就覺得還蠻好笑的，我已經過了最難過的階段了。」

「你最難過是什麼時候？」

「就是跟老師密集接觸那段時間吧。你知道A老師吧？她現在還在學校，有一次我們在法庭外遇到，我問她現在學校情況如何，她先是說『還好吧』，然後又說：『小孩子正值青春期，會發生這種事是理所當然。』Hello，『這種事』是性侵耶，什麼叫『理所當然』啊？還有一次，也是在法院，是另外一個女老師，她說她不准班上男生打籃球，原因是『大熱天打籃球流汗，會很臭耶！』齁，是腦袋有問題啊？還有，你知道曉光跟正祥在廁所那次吧？對，就是那個女老師，她要曉光他們當場『演』一次給她看！」

我有種很深的感慨，那些聽不見孩子痛苦的人，才是真正的聽障。

3

D老師說，學生在宿舍發生什麼事，如果生輔員不說，老師也未必知情，可見生輔員的角色十分重要，只是外界鮮少提起。

根據《特殊教育相關專業人員及助理人員遴用辦法》，「生活輔導員」包括「教師助理員」及「住宿管理員」，前者工作是「在特殊教育教師督導下，協助評量、教學、生活輔導、學生上下學及家長聯繫等事宜」，後者則是「負責特殊教育學校（班）住宿學生之生活照顧、管理及訓練等事宜。」學校因人手不足或經費有限，負責夜間活動的住宿管理員在白天也得兼做教師助理員，早也做，晚也做，一人當兩人用。至於這所特教學校的生輔員，主要是負責宿舍生的管理工作。

D老師告訴我，生輔員很不好當，一個人得照顧多個學生，工作量很大，而且大多是約聘，工作沒有保障，一個月只有兩萬多塊，就投資報酬率來說不太合算。「可能是因為這樣，又沒受專業訓練，他們的工作態度是有點問題。」

不過就監察院調查報告來看，該校生輔員不論是面對學生自殘，或校車上發生性侵，總是以「忽略和漫不經心的方式處理」，如此嚴重的「忽略」與「漫不經心」，恐怕不是「工作態度有點問題」可以解釋了。

凱林在接受調查時曾說，宿舍老師（即生輔員）都在看電視、打電腦或睡覺，不太管他們，他目睹老師在房間看「男生女生脫光光」的電影，不敢跟別人說。凱林媽媽告訴我，生輔員連續打了兩次電話給她，要凱林「什麼都不要說」；安平也說宿舍老師要他「協助管理」，他被授權可以體罰同學，儼然是老師的「分身」。至於曉光被生輔員修理的經驗可多了，被捏、被揍、被踹，他不知道那叫「不當體罰」，只覺得是自己不乖，才會被打。

生輔員既沒相關知識，又沒受過嚴格訓練，對兒童發展及性別議題毫無概念，很容易把「管理」當成「管教」。加上校方不要求他們懂手語，與學生連基本溝通都有困難，怎麼可能提供適當的輔導與照顧？

我希望生輔員對於小孩在晚上的事要給我交代，他們不太盡責，像今天我才教育一個生輔員。孩子剛就寢，生輔員不應該就去洗衣服，這樣孩子比較容易出事。所以會發生事情不是孩子的問題，而是管理的問題。（某老師）6

按照現行《特殊教育設施及人員設置標準》，宿舍管理人力規劃只有八小時，學生需要住宿服務的時間卻超過八小時，但法規並未因而有不同編制，造成人力調配吃緊。該校性平調查報告中指出：

○○○提到「連續上班十九小時」，於其他生輔員訪談時，得知確有此事。連續超時工作，身心俱疲，長期影響生輔員之身心健康，降低生輔員的工作品質（有多名學生於訪談時陳述，生輔員會在車上睡覺），間接造成生輔員無法善盡監督與輔導學生之責。[7]

有老師替生輔員緩頰：「從來沒有人告訴他們要怎麼做，指引他們一個正確的方向，大概就是別人交代什麼，或是以前的人怎麼做，他們就做什麼，所以，也不能全怪他們。」也有熟知內情人士指出，生輔員是擔心通報了反而會害到小孩，才會裝作毫不知情，但他認為就算生輔員是出於善意選擇沉默，不代表就不必負責，「沒有人是無辜的，只要在行車日誌或宿舍日誌上蓋了章，就有責任，就要負責到底！」

這位熟知內情的人士，我們暫且稱他為「X」好了。因為職務之故，他瞭解許多不為人知的內情。

曾經，他以為藉由自己的專業，可使冤屈得到平反，能讓公平得以伸張，後來才驚覺，原來自己只是誤闖叢林的小白兔，好傻好天真。

例如有些案子根本沒調查，校方卻謊稱調查過了；有人知道學生出事，卻裝作若無其事；有人假造調查文件，卻抵死不肯承認。他們堅稱自己沒錯，沒有疏失，沒有責任，一切都是學生的錯，家長的錯，人本的錯，任何對學校的批評，全都是別有用心，都是在打擊異己！

X以為真相會說話，無辜從來不是自己說了算。可是他錯了，真相從來不是最重要的。他明知很多人都在說謊，而且是漏洞百出的謊話，卻完全不屑稍加掩飾。很多時候，他得努力不去聽那些不可理喻、顛倒黑白的說法，因為那些說法聽起來太恐怖了，他實在受不了。那些人都是受過高等教育的知識分子，為什麼會做出這種事？文明與野蠻的中間，薄弱而渾沌，讓人看不清界線，一扯就斷。

有很長一段時間，他不敢再回想此事，因為回憶裡有太多太疼的傷口，太深的憂傷，與太殘酷的事實，他選擇逃避，不敢碰觸。直到事隔數年我們通了電話，見了面，長期以來被他束之高閣的情緒，彷彿又回來了。

某天半夜，失眠的他有感而發寫信給我：

我是不是錯了？太認真了？太當作一回事？……教育部捅了大婁子，是共犯結構，他們只想早早罷手。可是我不可能這樣做，這樣的事發生在教育機構，太不可思議了！當初若不是以為讓真相大白，讓教育部知情可以讓學校有所改善的話，我不會這樣做，豈知反讓自己成了蛇蠍……事件曝光之後，太多的聲音，太多的動作，太多的目的，真正目的是為了孩子的有幾個人？……我真希望自己不要看得這麼清楚，看見人性，有時真是件痛苦的事。

我把信前前後後讀了好幾遍，覺得內心空蕩蕩，彷彿被人掏走一大塊。我能說什麼？安慰他？向他保證明天會更好？

我想起初次見面時，他神色黯然地說：「現在支撐我過下去的只有一個信念，就是教育主管機關的力量能夠真正監督學校，協助這些孩子不再受害吧，」然後，他用不太確定的口吻問我：「可是，這些人真的會改變嗎？」

我永遠記得他說這句話時的表情，那樣的神情，我只在最悲傷的人的臉上看過。

1「國立〇〇〇學校性別平等教育委員會第1000314號案調查小組調查結果報告書」，頁五八。

2 同前注，頁四三。

3〈學校變虎口　臺南啟聰善惡顛倒〉，張為竣，《新新聞》，頁六五，二〇一二年十一月七日。這篇報導對該校內部人事傾軋有詳細描述。另，原文中未隱去涉案人員姓名。

4 同注1，頁六七。

5 日後爸爸因「查無實據」未被起訴。

6 同注1，頁五一。

7 同注1，頁七九。

三、沉默之罪

1

高潮會過，熱火會熄，轟動一時的事件失去了新聞熱度，猶如失去了重要程度，任憑人本再怎麼發新聞稿，就是沒什麼人理會，就算按鈴申告教育部長失職，好像也無濟於事。整個體系始終不動如山。

縱使情勢不太樂觀，張萍仍不肯放棄。她認為只要出了事，總有人該負責。她深信透過公平的訴訟程序，一定能讓正義彰顯。她與人本臺北辦公室商議，決定再度尋求婉柔模式，打國賠。

她不停走家串戶拜訪家長，說明打國賠的目的，但是大部分家長馬上就退縮了。

「他們很怕啊，這等於是公然跟學校作對耶，而且他們小孩又還在學校念書，他們哪敢啊。」張萍說。

也有像凱林媽媽這樣的，二話不說，力挺到底。「我只是要學校跟社會大眾道歉，要真的認錯，說是學校的錯。他們一直到現在都覺得學校沒有責任，我很不服氣……」說到這裡，媽媽不免喟嘆：「（凱林）他今天會變成這樣，學校還不願意承認？以後有其他小孩跟他一樣，怎麼辦？」

耀華媽媽也有同樣想法。她說，最初張萍登門拜訪，她有點猶豫，想說「恬恬不要出聲」，會不會比較好？「大概是我跟爸爸在商量的時候，姊姊有聽到，她跟我們說，發生這種事，你們一定要站出來，不然會有更多人跟弟弟一樣受害！我們聽了覺得很有道理，這是學校的責任，我想要一個公道。我是想說打打看，有就有，沒有也沒關係，主要是想讓大家知道發生這種事。」

最後，張萍找到五位受害家長提出國賠請求，他們的態度很明確，打國賠不是為了錢，而是希望特教生及校園安全有所改變。可是送件兩個月了，校方既未答覆，也沒透過律師協議。

人本原指望校方主動召開協調會，就不必進行訴訟（根據《國賠法》，如果提出賠償請求三十天之內學校不找受害者協議的話，受害者方可提賠償訴訟）。張萍說：「我們真的很不想走訴訟這條路，以前婉柔媽媽花了四年，壓力大到得靠吃鎮定劑才能出庭。國家一定要讓受害者再受一次苦，不能就直接承擔責任，進行協議嗎？」

昔日教育部次長吳財順的話言猶在耳：「如果此事證實是公務員疏失造成學生受害，一定會告知家長可聲請國賠，並給予必要協助；一旦國賠案成立了，教育部也會對有疏失的老師或公務員求償。」[1]次長的話說得體貼周到，如今家長提國賠了，教育部為什麼卻默不作聲？

人本迫於無奈，只得請立委召開記者會，硬逼學校出面。隔沒幾天，家長就收到校方寄來的協調會通知書了。

這幾次與學校協調的經驗，對政大法律系教授劉定基來說，無疑是難忘的震撼教育。劉定基帶領政大法學院修習「公益服務實習」的同學協助人本處理國賠案已經很久了。這回參與國賠協調會，校方代表盡是該校老師，沒有外部委員，連涉案人員也赫然在列，這不是球員兼裁判嗎？[2]這也是目前《國賠法》的問題：對賠償義務機關如何辦理國賠協議，包括參與協議的人員組成及資格，沒有明確規定，幾次協調會並未發揮「協調」功能，反像是一次又一次的攻防戰。

二〇一二年三月二十三日，第一次協調會。校方否認有任何管理或通報疏失，認為調查報告是手語翻譯誤差所致，不代表事實真相。例如報告指出生輔員在校車上目睹性侵，想通報卻被制止一事，校方律師完全否認，並要該名生輔員到場說明。

已經在開協調會了，校方還想重新認定事實？

或許是事前沒「喬」好，張萍問生輔員在車上看過幾次性侵，對方老實答道：「兩次」，讓律師及E校長忍不住倒抽一口氣，尤其是E校長，更是尷尬地滿臉通紅。根據調查報告，生輔員只承認看過一次。這下子可糗大了。

「為何調查報告書上已經認定的事實，還要在這裡重複問他問題？」劉定基提出疑問。根據《性平法》第三十五條第一項：「學校及主管機關對於與本法事件有關之事實認定，應依據其所設性別平等教育委員會之調查報告。」照理說，協調會不可以推翻性平會調查結果。

「若國賠確認的話，他（指該名生輔員）就是未來學校要求付款的對象，所以有必要到場釐清啊。」律師從容答道。

「不好意思，我就直話直說了，」劉定基回應：「今天來應該是談協調國賠金額，而不是重啟調查，依據《性平法》三十五條，調查報告已經認定校車上的性侵害事件，不需要再問了。」

可以想見的，這不是一次成功的協調會。會後校方律師逕自走向生輔員：「要是走上法院你會有責任喔，你知道嗎？你要賠錢喔！」

「不一定啦，要確定是故意或是重大缺失才會，」劉定基連忙上前接話，「而且這個部分，我是不知道學校有沒有給予校方人員輔導相關知識。」他不希望學校把責任全推給生輔員。

校方律師尷尬低語：「沒通報，就是故意的啊！」

這次學校拒賠三件案子，至於其他兩件只願意賠二十五萬。張萍氣憤地說：「學校到底把學生當什麼？好像在菜市場喊價！」

二〇一二年五月三十日，第二次協調會。校方律師開宗明義指出：「我們今天坐在這裡是要來解決事情。我常講處理的不是自己的錢，我顧慮的跟人本不一樣，你們想的是學生，我顧慮的是公務員……」他的聲調平靜沒有火氣，語氣一步緊一步：「學校沒有拒絕賠償，至於精神撫慰金的金額，我們建議上限是一百萬元。」

「教育部長有明確指示九十九國字一號的判決一百萬的精神慰撫是參考標準，不是上限。部長明確地說了『refer』這個字眼。」劉定基提出更正。

「不好意思，那個會我沒去開，我只是『照章辦事』。」律師回應。

校方律師指出「學生要處理，學校校譽也要維護」，還說，他們私下跟家長接觸過，家長要的金額沒有人本說的那麼高，說不定只要一半，家長也可以接受。

劉定基無法接受這種說法：「我覺得這有倫理規範的爭議。學校是被請求的一方，歡迎學校對孩子做諮商輔導，但法律金額上的輔導，會有不小的問題。在協議期間，這樣私下接觸談國賠事宜會節外生枝，產生案外案。我們已經接受委任，一旦要談賠償，至少要有代理人在場。學校如果要考慮後面的事，訴訟對學校絕對不是有利的，我們的善意只到國賠協調結束，之後也不是沒有善意，只是在處理事件上，一切公事公辦，再有私下接觸的事宜，我們就會追究。」

談了半天，學校提出的金額過低，雙方還是沒有達成共識。

二〇一二年六月二十五日，第三次協調會，情況離譜到了極點。

會議才剛開始，負責主持會議的E校長便表示，根據學校與中辦召開「教育部國賠協調會議」的決議，除非家長親自出席，以及教職人員可免除求償責任，否則就不必再談了。

張萍努力按捺住火氣：「《國賠法》有哪個規定說，訴訟代理人來了之後，當事人還非得到場不可？有這個規定嗎？你們內部要不要求償，求償狀況怎麼樣，要在國賠協調會議說嗎？請問有哪一條法律這樣規定？你們提案不合法、不明理，然後要我們這些人背書，不是莫名奇妙嗎？」

E校長說：「一個學校耗費心力，絕大部分都在國賠案跟相關的事務處理上，其實喔，我要講，如果真心關心教育，事緩則圓，給他適當時間……」

張萍用手往桌面用力一拍：「你們心裡就是只有那些教職員的求償，你心裡有沒有小孩嘛？說清楚！」

E校長火氣也上來了：「怎麼會沒有小孩呢？你心裡有學校？有小孩嗎？」說罷亦憤怒拍桌。

「我們心中有學校，有小孩啊，就是這個學校要收起來嘛！」

「這個學校要收起來，那你就跟教育部講嘛，誰在真正照顧學生？誰在真正教育學校的相關工作？你要逼學校花多少心力來處理這些案子啊？」

代表教育部出席的法律顧問出來打圓場：「今天如果看會議通知，是很概括地說召開『國家賠償協議會議』，可是剛剛又跑出來幾個前提，我不知道是有另外一個正式議程嗎？還是說只是表達意見？如果說學校這邊想表達立場，我想，也表達過了。現在大家是不是可以進到實體面，就是真正的所謂兩造要談的事？」

E校長說：「今天是學校國賠小組跟相關代理人來協議，我很尊重部裡邀請的律師給予什麼……列席的意見，列席指導，可是他不是代表學校的立場，這個在法理上是很清楚的。」

中辦某科長澄清：「我們並沒有講說，沒有家長列席這個會議就不開，要先說明本部的立場。我們是不是應該還是回歸案子？我想這個部分，校長也很瞭解，那既然都要講委員會的話，我們是不是就照上次委員會的決議的部分來……」

E校長搶話：「已經講得很清楚了，那會後大家再共同來努力。如果，既然做協議，一個最重要的本質精神就是什麼，相關參與的人都覺得合理、合情、合法，如果有某個人……」

劉定基動氣了：「校長覺得哪裡不合法？你覺得這個協議哪裡不合法？」

E校長不準備留後路，以下結論的口氣說：「各位聽我講，不要再費力了，好不好？今天大概的、主要的概念也都講了，很清楚了。」然後，他像是任務已經達成、毋須久留似地站起來，正式宣布散會。

根據《國賠法》施行細則第七條第一項規定：「請求權人得委任他人為代理人，與賠償義務機關進行協議。」既然家長已委托張萍與劉定基擔任代理人，為什麼還得親自到場？校方怎麼可以此作為散會理由，公然違法？他們怎麼可以？

事隔幾天，E校長突然請辭，由F校長接任，接下來幾次協調會總算有了進展：五件國賠案達成協議的有三件，未達成協議的有兩件。

回想這段與校方交手的經驗，劉定基著實感慨萬千。他說，一般國賠案牽涉的公務員頂多一、兩個人，而且與失職公務員所屬機關商量協調，不會有太多狀況。然而與這所特教學校的交涉過程，他強烈感受到敵意，涉案的人很多，學校又很小，人情壓力很大，在這種情況下，讓學校自己負責國賠協議，很難期待公平。

我想起廖慧嫻寫過一段頗為詩意的句子：「這所學校是個神奇的咒語，一旦進入學校，感官健全的人無論是誰都可能罹患是非公義辨識不能症。眼睛變成一上一下，對於眼下之人鄙棄，對於眼上之人極盡鞠躬哈腰之本能。」人的殘忍，真是無遠弗屆。

2

召開協調會期間，校方表面不動如山，私底下鴨子划水，動作頻仍。他們繞過人本直接找上家長，提出「繼續讓孩子做心理輔導」、「保障就學就業」等條件，要求家長撤回國賠請求，就連凱林媽媽這種「死硬派」，學校都找上門了，而且是F校長親自登門造訪。

凱林媽媽沒見過F校長，不知道這陣子校長有如走馬燈，已經換過一輪了。她很相信張萍，什麼事情都讓張萍代為處理，直到進入協調階段某天校長祕書突然來電，說F校長正好在附近開會，希望來拜訪她。

「我想說，來就來啊，也不會怎麼樣。」凱林媽媽見多識廣，沒在怕的。

F校長態度很好，姿態很低，可話繞了半天就是不說重點。向來爽快的凱林媽媽直接問他：「校長今天來，是要跟我們商量國賠的事喔？」

F校長連忙否認：「不是不是，純粹是來關心，跟那個無關。」

談著談著，F校長還是忍不住了：「媽媽，關於那個金額……」

原來校長是覺得國賠金額太高。凱林媽媽馬上裝傻：「喔？這個我要問爸爸耶，我不能自己決定。」F校長請她打電話詢問爸爸意見，向來委由妻子全權處理的爸爸在話筒另一端憤怒嗆道：「為什麼要和解？這是什麼意思？」F校長才尷尬告辭。

過沒幾天，校長祕書電話又來了：「媽媽，關於那個金額……嗯，有沒有商量的餘地？」凱林媽媽覺得小孩被欺負成這樣，學校還在那邊跟她討價還價，心裡很不是滋味。「我就開了一個數字，是比校方提出的金額要高一點啦，後來，他們就沒有再跟我聯絡了。」

進入訴訟這條路，人本與家長一路走來，更是步步崎嶇。

有時，是學校提出時效抗辯，不利於學生。根據《國賠法》第八條，只要「自損害發生時起」超過五年，即不得主張國家賠償。這對年幼受害的學生來說，實在不太公平。以曉光來說，他早在一、二年級時就被欺負了，那時他年紀小，不瞭解什麼是性侵，學校老師既沒警覺、又疏於處置，校方堅持五年消滅時效，未免過於嚴苛。

有時，是法官觀念的問題。例如有法官認為，如果聲請國賠的學生既是行為人、也是受害者，賠償金額就該低一點。

法律上有個名詞叫「與有過失」，大意是如果被害人也有過失，就只能得到部分賠償，甚至連一毛錢也拿不到，法官認為「加害」學生的賠償金額可以低一點，就是這個理由。但政大法律系林佳和教授以《國賠法》第五條「國家損害賠償，除依本法規定外，適用民法規定」[3]為依據，針對特教生提出國賠案一事，提出不同的見解：

加害人之與有過失必須是「可歸責之」，亦即本於交易秩序中的一般注意義務、個人之認識來源與經驗等，加以認定與判斷。不論如何，與有過失之關鍵要素，事實上在於「被害人之參與損害的發生與擴大」，也就是絕對必須限於「可歸責」，方可能有過失之成立，而才有賠償責任縮減排除之餘地，一般經常誤會的動機、目的等主觀事由，完全與此無關；道理非常簡單：得以產生損害賠償範圍縮減之與有過失，既然必須以歸責為前提，則與行為無因果關係之其他目的或動機，何來歸責之有？[4]

根據我的理解，這段話大致可以解釋如下：受害學生固然也是行為人，但他們的

「加害」是肇因於學校未能即時制止，放任情況愈演愈烈，法律不該只追究學生個人的犯行。學生的「加害」是肇因於「受害」，所以不論是「加害」或「受害」，學校都應負起大部分責任，不該讓學生自行承擔。

這些人為什麼只看問題的表面，而不願思考問題的背後呢？

或許，這牽涉到不同文化對待兒童犯罪的態度。

一九九四年十月，挪威大學城特隆赫姆（Trondheim）有名五歲女孩被毆打致死，警方確認凶手是兩名六歲男孩，隨即判定這不是「謀殺」，而是「意外」，事件中沒有犯人，只有被害人，無論是死去女孩及她的家人，甚至是失手打死女孩的男孩，都需要政府及社會的扶持與照顧。

案件被定調為意外而非謀殺，湧進特隆赫姆的不是嗜血的媒體，也不是憤怒的群眾，而是大批社工及教育心理專家，負責照顧被害家屬，安撫民眾情緒。兩名加害的男孩則被安排至另一所幼稚園讀書，該校家長非但不排斥男孩，反認為他們應得到特別照顧。在這裡，沒有人認為男孩們是「犯人」，應該被關進監獄，他們用愛與寬容接納了犯錯的孩子，盡量讓他們維持原本正常的生活。[5]

照顧加害者，可能會被認為是原諒他們的行為，譴責加害者，可能會刺激他們進一步採取施虐的行為。到底該如何取捨？或許沒有對錯，只有不同。沒錯，臺灣這些特教生是犯了錯，而且是很嚴重的錯，然而這些蒙昧無知的少年是知法犯錯，還是懵懵懂懂、因錯誤的認知而犯錯？就算他們是知錯犯錯好了，司法體系願不願意給他們贖罪或自新的機會？

「我們打國賠，只是為了還孩子公道。孩子一直到現在還在受苦，家長也還在承擔對孩子未來的憂慮……」然後張萍沒有哭，沒有崩潰，只是心平氣和地說：「你知道有老師跟我說什麼嗎？他們說，你們人本拚命幫小孩打官司，小孩會以為被性侵還有錢可拿耶！」

身為教育工作者，身為法律人，身為一個人，她感到可恥。

3

二〇一一年底，教育部公布特教學校懲處名單，一串落落長、三十三個人的名字一字排開，就連中辦主任藍順德的名字亦赫然在列。很多人以為這回教育部是「玩真的」，媒體也認為教育部壯士斷腕，展現了魄力。

外界以為這樣的懲處夠重了，畢竟這是教育界高層官員遭到最嚴重的懲處。但教育部人事處也承認，「記過僅會影響考績及獎金，不致影響現有職位或職務」，[6]未來只要功過相抵，不論是大過小過還是申誡，照樣一點事也沒有。難怪C校長在被撤換職務後，仍在臉書從容寫道：「目前在教育部中部辦公室（霧峰）辦公，事情平息前，低調生活，調養身心，享受人生的美好。別擔心，為師傻人有傻福，目前長官都很照顧，請放心。」

C校長口中的「長官」，指的自然是教育部中部辦公室（現國教署）了。中辦在這起事件中扮演什麼角色？為什麼他們也必須負責？

二〇一二年七月，監察院破紀錄一口氣彈劾教育部中辦及學校教職員共十六人，並指出該校自二〇〇四年起發生一六四件性平案，比教育部呈報的多出將近一倍，也比人本公布的一二八件要多，其中有七十件未依法通報地方主管機關、八十七件未依法通報教育部、四十四件既未調查也未處理、十七件則是違法自行處理。從這些數字來看，校方企圖隱匿、私了的事實不容否認，身為主管機關中辦更難逃嚴重職務疏失。根據監察院調查報告指出：

■中辦某科長說「性平事件是督學年度重點視導業務，督學會去控管」，可是兩位督學接受訪談時卻說「性平案屬敏感案件，教官室、中辦給我，我才會去看，屬被動的」。另外，督學在視察該校性平業務時僅以書面表格填寫，該校校園安全規劃嚴重缺失卻列為「優點」，明顯怠職。

■中辦未依規定列管校安通報、通報正確性及後續處理結果，只由承辦人員擬辦意見如下：「一、將影本送主任室、副主任室、行政科及第一科及第五科酌參。二、本案已由學校與家長處理中，資料陳閱後存查。」承辦人員的說法則是「我的理解是學校會去追蹤」，可見中辦早知學校未依法處理，只依標準流程處理公文，卻沒做任何補救。

■藍順德接受約詢時說：「一〇〇年九月報紙上出來後，我週四就去，十月以後負責行政督導，每二週我和黃副主任輪，九至十二月我去學校八至十次。」這證明中辦早在一〇〇年九月人本召開記者會前已知事態嚴重，卻沒有積極著手解決問題。

■中辦及教育部本部單憑校方資料，即對外宣稱只有七十一件案子，既未調閱學校日誌、通報單等資料，也未訪談當事人及相關證人，疏於查證。[7]

或許中辦官員沒有犯什麼「大錯」，頂多只能說是消極以對吧。但公務員的角色與職責是什麼？為什麼監察院認為他們必須負責？

前考試院長關中曾說：「消極和保守的態度，是臺灣公務員無法進步的主要原因」、

「沒有國家興亡、匹夫有責的感受，沒有修身、齊家、治國、平天下的胸襟。」[8]長期以來，「公務員心態」是個難聽字眼，不是沒有原因的，我們看過或接觸過不少公務員，經常抱持著多做多錯、少做少錯、不做不錯、怕麻煩、怕壓力、推卸責任、怕檢討、怕面對民眾的鴕鳥心態。他們或許沒有「犯法」，卻難逃失職怠惰的嫌疑。

以特教學校案件來說，中辦明知出事，也知道校方未依法處理，卻只辦（公）文不辦事，看遍卷宗卻看不到孩子的處境。他們只是旁觀，不肯介入，他們以為自己清清白白，不染塵埃，卻不知自己的無動於衷，讓孩子的純真被葬送在身後遠遠的另一條岔路。「惡」的存在是很弔詭的，有時不必刻意加害，只要站在一旁觀望「惡」的進行，就算沒有動手殺人，也會導致惡的結果。

一九三九年，從德國漢堡市啟航的聖路易號載滿九百多名猶太難民，欲前往古巴尋求新天新地。當船隻快要抵達目的地時，古巴政府推翻原來的約定，拒絕這群甫逃離納粹的難民入境，船長載著難民開往美國尋求政治庇護，也被拒絕了。最後，聖路易號載著難民橫渡大西洋，再度回到歐洲，其中有人幸運獲准入境英國或其他國家，有人不得不返回德國占領區，最後死於納粹之手。

古巴及美國政府沒有明目張膽鼓吹暴行，也沒有主動加害猶太難民，只是沒有出面反對、公開抗議納粹惡行。他們目睹災難卻視而不見，就算沒有親自動手殺人，是否也等於是犯下了「不為之惡」？

中辦的公務員惡性深重嗎？或許不是，他們只是在有能力保護孩子時，選擇裝聾作啞，置身事外，當苦難在眼前上演時卻渾然不覺，以為與自己無關。他們從頭到尾未置一詞，選擇把最幽暗的地方留給了幽暗。

沉默，就等於是默許惡行的存在，而默許惡行，就是罪行。

1〈特教學校性侵案 可聲請國賠〉，林志成、曹婷婷，《中國時報》，二〇一一年九月二十八日。

2 本案進入司法程序後，經由人本與多位立委關切，並在上級機關的監督指導下，國賠小組方才改組，並有外部委員參與。

3 根據《民法》第二一七條「過失相抵」條文：1.損害之發生或擴大，被害人與有過失者，法院得減輕賠償金額，或免除之；2.重大之損害原因，為債務人所不及知，而被害人不預促其注意或怠於避免或減少損害者，為與有過失；3.前二項之規定，於被害人之代理人或使用人與有過失者，準用之。

4〈關於特教國家賠償的一些想法〉，林佳和，「聞聲救苦從何做起？從南部特教學校性侵案開始」研討會手冊，頁三十，二〇一三年五月四日。

5 見〈當孩子成為殺人凶手，挪威、英國反應大不同〉，方潔，公視新聞議題中心網頁，二〇一三年九月十九日。

6〈特教校集體性侵十七官員遭懲〉，劉嘉韻、李恩慈，《蘋果日報》，二〇一一年十二月七日。

7 以上引自監察院「一〇一年劾字第十三號彈劾案文」，二〇一二年七月十六日。

8 這段話是關中在「高階文官培訓飛躍方案」開幕典禮上質疑現場公務員所說的。曾為「十八趴」親上火線，怒斥外界「別醜化目前在工作崗位上的公務人員，也不要羞辱退休人員」的關中這回火力全開，對公務員心態有諸多批評。當天他還舉了一個很有趣的例子說，許多公務員在退休後選擇當志工服務社會，讓他十分疑惑：公務員不是服務國家社會最好的管道嗎？為什麼要在退休後才開始做呢？見〈關中：我公務員個性 偏保守消極〉，楊智強，《臺灣醒報》，二〇一三年七月五日。

四、邪惡的庸常性

1

在大量查閱與事件相關的公文、報告、會議紀錄、新聞報導、以及影音檔案這段期間，發現有那麼多人不斷睜眼說瞎話，想盡辦法卸責，讓我很不舒服。很多時候我幾乎不敢看，看不下去，覺得真是受夠了，渾身難受得不得了，常常必須跳過一些片段或畫面，才能勉強自己看完。

我難過地對張萍說：「這些人怎麼會這樣？他們晚上怎麼睡得著啊？」

「就是『路西法效應』嘛！」她說。

「路西法效應」是心理學家金巴多（Philip G. Zimbardo）在上個世紀七〇年代做的心理實驗結果。他把史丹佛大學心理系大樓的地下室改裝成監獄，找來一批年輕大學生及研究生，有的扮演犯人，有的扮演獄卒，透過彼此角色的互動，探討環境與制度對人性的影響。

起初，被要求扮演獄卒的學生都很不情願，當他們穿上獄卒制服，被賦予可以非暴力形式管理囚犯，很快就忘記這只是場實驗。實驗第二天，扮演囚犯的學生小小搗亂了一下，扮演獄卒的學生就火大了，他們沒有使用肢體暴力，而是用殘酷、羞辱人的手段教訓犯人。漸漸的，不論是假獄卒也好，假犯人也罷，雙方愈來愈入戲，愈演愈逼真，整個情況瀕臨失控，迫使實驗不得不提早喊卡。

參與實驗、扮演獄卒的都是普通學生，不是什麼壞人，一旦環境讓他們可以掌握、操控他人，原本可愛、單純的學生，也會變成殘忍凶悍的惡棍。這就是該實驗最為駭人之處：罪惡不是某種人的特質，殘忍也不是某種人的性格，人之所以會變成惡人，情境是極其重要的因素。金巴多是這麼說的：

驅使人類行為的動力為何？是什麼決定了人類的思考和行動？是什麼讓我們一部分的人道德感深重、正直不阿，而相對地又是什麼讓我們容易拋棄禮規、犯下大錯？我們在回答這些人性問題時，是否都先假設是「內在因子」決定了我們向上提升或向下沉淪，而都忽略了「外在因子」對於人類思考、感覺與行動的影響？在什麼狀況下我們會成為情境或群體行為下的產物？有什麼事是你自信絕不會在任何脅迫下做出的呢？[1]

實驗結果命名為「路西法效應」，是源自米爾頓《失樂園》的情節。路西法是上帝寵愛的天使，他拒絕臣服耶穌，挑戰上帝權威，最後帶領一群墮落天使投入地獄。金巴多以「路西法」的寓意說明「善」與「惡」的分界是模糊不清，有可能是互相滲透的，只要有那樣的情境，就算天使也會變成魔鬼。

特教學校事件中怠忽職守的公務員，可以用「路西法效應」來解釋嗎？我是持保留態度，畢竟他們不像假獄卒被合法賦予極度的管教權，也沒做出罪大惡極的事。不過讀了《路西法效應》，我捫心自問，如果是我在特教學校教書，或是在中辦任職，面對如此棘手的案子，我會怎麼做？是挺身而出，還是悶不吭聲？

「如果是我，才不會那麼殘忍！」不少人如此信誓旦旦地說。

一般人在瞭解如此慘絕人寰、匪夷所思的事，總想以符合正義的方式去解讀，也不認為自己會做出這麼冷酷的事，這太違反倫理價值與道德觀念了。然而行為與信念之間本就存在著巨大矛盾，我們常對個人的判斷都太有自信了，不相信自己會做出違反人性的事。這正是金巴多想提醒世人的：情境左右人類行為的力量，遠遠超過我們的想像。

既然人人都有變成魔鬼的潛力，那麼我們還能理所當然、義正詞嚴地堅稱：「如果是我，才不會那麼殘忍」嗎？

《聖經》裡有個故事，提到猶太人捉到一個觸犯通姦罪的女人，按照猶太律法要用石頭砸死她。就在激動的眾人拿著石頭，正要往那女人身上扔時，耶穌說：「你們中間誰是沒有罪的，就可以先拿石頭打她。」眾人聽了這話，摸摸鼻子，一個個默默離開了。

我不確定自己是否是有資格拿石頭的人。

2

很多受訪者告訴我，他們原以為涉案教職員肯定是沒心沒肝、喪盡天良的傢伙，否則，一般人怎麼可能殘忍到這種地步，棄小孩於不顧？當他們發現這些人不過是普通上班族，而且各種宗教信仰（其中不乏虔誠信徒）、年齡、及教育水準都有，總是大感不解。

例如有人形容某校長「看起來正派斯文，想不到吧」。有人提及某老師時，說他的長相「清清秀秀的，跟我們一樣」。有人描述某主管時特別加重語氣：「不騙你，真的是溫—柔—婉—約！」也有人懊惱地說：「某老師看起來那麼誠懇，害我一度以為自己冤枉了他！」

這種「他們看來跟我們一樣」的詫異，究竟從何而來？為什麼我們認為這些知情不報或隱匿案情的教職員「應該」與我們不同？如果分別「他們」／「我們」的標準，是「好／壞」、「善／惡」的話，難道「好人」與「壞人」的長相，可以一望即知？

這讓我想起漢娜．鄂蘭（Hannah Arendt）在分析納粹屠殺猶太人的主要執行者艾希曼（Adolf Eichmann）時所提出的「邪惡的庸常性」這個概念。[2]

艾希曼是二次戰後惡名昭彰的戰犯。他參與並負責執行德國第三帝國殲滅猶太人的「最終方案」，有計畫組織運送猶太人到集中營進行集體屠殺，全歐因為他「高度的行政效率」而化為灰燼的猶太人不計其數。

漢娜．鄂蘭是出生德國的猶太人，後來入籍美國，是二十世紀最重要的政治哲學家及作家。一九六一年，以色列特工將在阿根廷隱姓埋名的艾希曼綁架至以色列接受審判，鄂蘭以《紐約客》雜誌特約記者身分前往耶路撒冷進行採訪。

大家都以為，像艾希曼這樣殺人不眨眼、十惡不赦的人，肯定是個令人作嘔的傢伙吧。鄂蘭第一眼看到坐在被告席上的艾希曼，發現他個子不高，戴著眼鏡，外貌普通，既不凶殘也不惡毒，甚至連狡猾都稱不上。她一連幾天坐在旁聽席靜靜觀察，認為與其說艾希曼像魔鬼，倒不如說更像奉公守法的官吏，就連精神病理學家鑑定後也證實他「不僅正常，而且非常討人喜歡」。

（艾希曼）恐怕除了對自己的晉升非常熱心外，沒有其他任何的動機。這種熱心的程度本身也絕不是犯罪……如果用通俗的話來表達的話，他完全不明白自己所做的事是什麼樣的事情……他並不愚蠢，卻完全沒有思想——這絕不等同於愚蠢，就是他成為那個時代最大犯罪者之一的因素。這就是庸常……希望能知道艾希曼有惡魔一般的要因，那是不可能成功的。[3]

艾希曼不是天生的劊子手或虐待狂，也不是道德錯亂或變態殘暴而蓄意採取行動。他在法庭上為自己辯護說，他對猶太人沒有仇恨，只是服從上級指令，奉命行事罷了，如果上級要他殺了父親，他也會確實執行。他不思考、不質疑，一切取決於公文及命令，至於上級的命令是否違反倫常，他沒有興趣，也不在乎，就跟納粹其他官員沒什麼兩樣。

艾希曼這個人物難以理解的地方，正是因為許多人與他很相似，這些人既非倒行逆施，也非殘酷成性。無論過去或現在，他們都是可怕的正常人。從我們的法律制度和道德準則來看，這種正常，比把所有殘酷行為放在一起，還要使我們毛骨悚然。[4]

艾希曼不是「殺人魔王」嗎？怎麼可能「跟我們一樣」？這對一般人來說，實在是太難以理解了。鄂蘭以「邪惡的庸常性」解釋像他這樣既沒有喪心病狂、也不是天生殘忍的人之所以作惡的原因：他從不認真思考自己在做什麼，只是選擇服從組織威權，以組織威權的判斷代替自己的判斷；他不是罪行重大的惡人，只是缺乏獨立思考能力的平庸之人。

鄂蘭以此說明犯罪的「意圖」與「行為」之間未必直接相關，並不代表艾希曼毋須承擔責任，在她看來，艾希曼以「上級命令」代替個人的道德判斷，放棄自己思考判斷的機會，就必須為這樣的行為負責。「邪惡的庸常性」的「庸常」不是無知，而是缺乏思考，沒有判斷及反省能力。這也是法官反覆質問艾希曼的問題：「殺害猶太人，對得起你的良心嗎？」無論艾希曼怎麼回答，這都是個道德問題，而不是法律問題。

從這個角度來看，就不難理解特教學校教職員的沉默了。「沉默」在他們的工作中已被高度「正常化」，就算學生發生不被允許的事，如性騷擾或性侵，他們也覺得沒什麼大不了。他們不是特別狠心或特別邪惡，因為同情心與同理心早已在他們的生活中漸漸麻木；他們不是沒有羞恥心或罪惡感，而是打心底相信特教生發生性侵理所當然。這些對外人而言無法想像的道德考驗，對他們而言有如家常便飯。「特教生就是這樣」，他們已習以為常。

「我們也要賺錢養家，沒有太多選擇，大家為什麼要苛責老師？」這是不少老師的共同反應。

為了一口飯，可以殺人嗎？當然不行，這也是艾希曼無法被原諒的原因。那麼，為了一口飯，可以見死不救嗎？可以對惡行視若無睹嗎？老師真的「沒有太多選擇」嗎？二〇一三年，臺中某特教老師看不慣同事不當體罰智障生，悄悄拍下對方呼學生巴掌的畫面。原先他為了保住工作，也不願傷了同事感情，始終沒有拿出來，直到他不停作惡夢，夢裡孩子不斷被踢被揍被甩耳光，讓他難逃良心的掙扎，才決定就算丟了差事，都要將影片公諸於世。他說：「學生的權益比我的工作重要。他們是特教孩子，沒辦法為自己說話，如果我不站出來，還有誰能幫他們？」[5]

人生永遠都會不停面臨「選擇」，面臨重大選擇之際，正是考驗自由意志與道德底線的時機。對惡的視而不見、聽而不聞，從來不是法律問題，而是道德問題，該校老師或許沒有「犯罪」，但外界指責的並不在於他們犯罪，而是缺乏勇氣與能力，做出符合老師職責、符合良心的舉動。

或許有人會說，每天有那麼多天災人禍自眼前橫過，做什麼或不做什麼，又有什麼差別呢？

現實的冷酷是不爭的事實，卻不曾讓人在面對惡行時的緘默，在道德上更具有說服力。德蕾莎修女說：「愛，是在別人的需要上看見自己的責任。」期待老師在學生身上看見自己的職責，無法用法令要求，更無法以道德規範，唯有教育者反躬自省，側耳傾聽，讓理所當然少一點，讓惻隱之心多一點，才有可能成就。

特教老師廖淑戎寫過一篇令人動容的文章，其中有段文字是這麼說的：

> 擺在我們這群自認專業的教書匠眼前是一種「道德抉擇」的挑戰……教師必須面對自己複製的不平等，努力發展抵抗壓迫的能力，擴大道德概念。然而，我們受到宰制文化的影響，成為宰制的果，也是宰制的因……處於體制內的恐懼當中，絕口不提明明存在的事實，因為我們罹患「選擇性緘默症」，唯恐自己在主流論述裡被團體詛咒，要達到那個集體意識覺醒、對抗論述、並轉化成具體實踐的理想，對我們而言似乎仍是一條漫長的路。[6]

對抗既有體制，永遠是條艱辛而漫長的路。老師的愛與關懷，或許不是解決問題的萬靈丹，卻能讓孩子的心靈自由，將他們拉出恐懼的漩渦，讓他們有重新開始的機會。

至少，我是這麼相信的。

1《路西法效應》，菲利普・金巴多著，孫佩妏、陳雅馨譯，商周出版，二〇〇八，頁二四。

2 臺灣各界多半將 the banality of evil 譯為「平庸之惡」，我個人以為「邪惡的庸常性」這個譯法較貼近原義。

3《耶路撒冷的艾希曼：倫理的現代困境》，漢娜・鄂蘭等著，孫傳釗譯，吉林人民出版社，二〇一一，頁五一。

4 同注3，頁四二。

5〈站出來，才能阻止惡的遂行〉，陳怡文，《人本之友會訊》，頁十八，二〇一三。

6〈理解，實踐的開始：一位特殊教育教師的自我批判〉，廖淑戎，《教育實踐與研究》第二十卷第二期，頁一八七至頁二一二，二〇〇七年九月。

Ⅳ 受傷的蘆葦

一、在微光之中

1

車子才剛駛進院子，迎接我們的是一陣興奮的狗吠聲。曉光爸爸自屋內走出來，對著栓在門口的黑色混種狗喊道：「小白，不要吵！」

咦，這隻狗不是黑色的嗎？怎麼叫他「小白」呢？

「外面每隻黑色小狗都叫小黑，萬一走失的話，就找不回來了，」曉光爸爸引我走到屋前一只鐵籠，指著裡頭的小白兔說：「他啊，叫小黑。在我們家，黑色的狗叫小白，白色的兔子叫小黑。」明明在說笑話，表情卻嚴肅得不得了。

走進屋內，不大的客廳裡橫擺著一張籐製沙發，舊式斑駁的椅墊花紋顯示出它的歷史，所有擺設及用具井然有序，窗明几淨，可見屋主是個自律甚嚴的人。果然，我們才走進屋子，爸爸看到桌上擺著吃剩的米粉，立刻皺起眉頭：「這到底是吃完了沒啊？還不趕快收起來！」

曉光看到爸爸斥責的眼光，來不及跟我們打招呼，便匆匆端著米粉走進廚房。爸爸看著兒子背影說：「每次要他做什麼都說等一下，等一下，真像他媽媽，好的沒學到，都學到壞的。」

其實，爸爸十分以曉光為榮，客廳置物櫃的玻璃門貼滿他的獎狀說明了一切。爸爸習慣以教訓的口吻表達關懷：「李曉光，你一直動那個幹嘛？」、「李曉光，你給我過來坐好」、「李曉光，你不要擋住電視，人家要看好不好？」曉光雖不開心，仍聽話配合。

爸爸是個很有威嚴的人。他說吃飯時不准說話，曉光就吃飯配電視；他要曉光下課直接回家，曉光就不敢在外面逗留，就連放假都乖乖窩在家裡打電腦。爸爸不諳手語，卻彆扭不願用筆談，他說什麼，曉光聽不懂，曉光講什麼，他搞不清，他很氣，曉光很煩，久而久之，兩人竟變得無話可說了。

廖慧嫺說，她第一次把曉光涉案文件拿給爸爸看時，他一句話也沒說，臉上沒有任何表情，完全看不出情緒。可是每次學校開會、法院開庭，他總是盡可能陪在兒子身邊，就連法官都看得出他難以啟齒的心事，主動安慰他說，唉，辛苦你了。

這對父子有太多外人無法瞭解的障礙。他們互相依賴，卻無法交心，這樣的關係，真讓人哀傷。

我拿出自己印的名片遞給爸爸，上面有張小貓的照片。從廚房走出來的曉光興奮驚呼：「你養的？」

「對啊，牠叫MOMO，不過已經死了。」我說。

「啊？為什麼？」他瞪大眼睛看著我。

「生病死了。」

「什麼病？」

「腎臟病。」

「你有沒有哭？」

「有啊，哭得可慘了。」

「有沒有人陪你哭？」我點點頭，他如釋重負般鬆了口氣。這就是曉光，體貼、甜蜜、善解人意的十三歲男孩。

「牠有沒有乖？」

「牠啊，才皮呢！」（這時爸爸插嘴：「跟你一樣！」）

我跟曉光聊起MOMO的搗蛋史：偏食，咬人，噗通跳進放滿水的浴缸，凌晨跳到床上扒我眼皮，邊說邊寫邊比手畫腳。曉光聽了頻頻大笑，甚至開心鼓掌起來，他說，他也好喜歡小貓呢。

爸爸又忍不住插話：「你不是喜歡兔子嗎？小黑也是你要買的，結果都是我在養，一隻幾百塊……」曉光沒看到爸爸張口說話，拚命繼續追問我MOMO的事，爸爸乾坐在一旁，顯然有點悶。廖慧嫻見狀邀曉光說：「我們出去散步，讓爸爸跟阿姨聊，好不好？」曉光馬上說好，進去房間揹了個大包包走出來，爸爸又忍不住了：「只是去散步，揹個大包包幹嘛？又不是女孩子！」曉光沒看懂，又問了一次，爸爸轉頭看著我：「你看，就是這樣，每天雞同鴨講！」曉光沒說什麼，跟著廖慧嫻出門了。

爸爸是個陽剛堅毅的男人，個性矜持，不論外表或內在，都與斯文柔弱的曉光有很大差異。我問起他的工作，他眉眼晶亮，滔滔不絕說個不停，對自己的專業能力頗有自信。

「你會不會跟曉光聊你的工作？」

「沒有！他才不要聽。」

「你不說，怎麼知道他不想聽？」

「我說什麼，他聽不懂，他說什麼，我也聽不懂，每次都是雞同鴨講。反正他有事，也不會找我。」

「從小就這樣？還是現在才這樣？」

「一直都這樣。他小時候也不找我。」

「他好像比較黏媽媽喔？」話才說完，我就後悔了。沒人見過曉光媽媽，聽說她不在臺灣，問曉光也說不清楚，只常聽他說很想媽媽，想去找她。

爸爸冷冷說道：「哼，以前他媽打他才狠咧，拿衣架揍。我就說，奇怪，這兒子不是你養的嗎？不過，曉光是很皮啦。」

然後，不輕易開口談論前妻的他跌入回憶，絮絮說起那段失敗的婚姻。他說，他最不能原諒曉光媽媽的，就是賭。

「我問她，你到底要不要這個家？她說，你不要我，也沒有關係啊，我回去大陸種田也不會餓死。我不喜歡勉強人家，說，那就離婚吧。我以為要到律師事務所去辦，結果她說，不用，只要去區公所就可以了。哇靠，她早知道，早計劃好了。」

性平調查小組約談時，爸爸不放心跟著去，曉光什麼都不肯說，直到老師委婉請爸爸離開，曉光才全盤托出。「老師說他很怕我，說我聽了會生氣，所以不敢說。什麼叫怕我生氣不敢說？都是藉口！他媽媽也是這樣，跑去賭博不敢說，也說是怕我生氣！」

爸爸小時候書沒念好，十三歲就出來工作了。他說「人生就是要獨立，不要靠別人」，是個很有肩膀的男人，就算婚姻之路摔了一跤，也鮮少提起，更不抱怨，他覺得，那不是男人該有的樣子。

「你從小就是男子漢、很MAN的人喔？」

「也不是啦，人本來就不要靠別人嘛，對不對？」

「所以，你希望曉光跟你一樣？」

「唉，他很容易被欺負。」

「他就是很單純嘛，心腸軟，耳根子也軟，很容易相信人，才會被欺負啊！」

「唉，他好像很怕沒有朋友還是怎麼樣，怎麼人家叫他幹嘛，他就幹嘛。」

「這個年齡的小孩本來就很需要朋友啊，何況媽媽不在身邊，又沒有兄弟姊妹，我想，他一定很寂寞。」

爸爸沉默了。

我知道，他心裡是心疼曉光的，只是父親的尊嚴，男人的面子，讓他很難拉下臉來溫柔對待。當著大家的面，他總是「李曉光」、「李曉光」連名帶姓地叫，可曉光才出門，他馬上就跟我「曉光」長、「曉光」短了。

「你覺得自己是不是很嚴肅的爸爸？」

「嗯……大概是吧。我爸也這樣，我跟他也沒話說。」

「所以，曉光也什麼都不跟你說啊！」

我們靜靜坐著有好一陣子，沒有人開口說一個字。

「曉光小二就被欺負了，你知道吧？」爸爸打破沉默，我點頭表示知情。

「唉，老師怎麼可能都不知道？」這不像是問句，更像是感慨。

「你有沒有問過老師這件事？」

「唉，跟這些念書的人講話很累，他們說得出一堆大道理，我根本說不過他們。他們對這種小孩，說難聽點，根本就是把他們當動物，不理不睬。曉光在校車上看到學長欺負女生，跑去告訴老師，老師叫他不要管那麼多，趕快去坐好。靠，這是什麼老師啊！」

沉默在繼續，偌大的屋子裡，只剩電視螢幕上名嘴浮誇的謾罵聲。然後，爸爸收起滿漲的情緒，面無表情地說：

「現在，我對未來已經沒什麼想法了。就……活著吧！」

※　※　※

為了爭口氣，曉光爸爸決定打國賠，幸好沒進入訴訟程序就協商成功了。爸爸以為只要挨過這段日子，接下去，沒有人會再記得曉光發生過什麼事，現在的世界飛速運轉，大家都患了失憶症，沒人會記得才對。

他錯了。老師記得，記得曉光是那個「說最多」的學生。

原先爸爸考慮讓曉光轉學，張萍也幫忙四處探聽，但不是離家太遠，就是校方委婉拒收，曉光只得又留下來，而且又恢復住校了。那日他在宿舍跟同學聊天，房間小，人太多，他沒位子坐，開玩笑似坐在同學腿上，巡房生輔員把他揪出來痛罵一頓，以「行為不檢」為由，罰他退宿一週。

那陣子曉光認識一位校外友人，兩人交換手機玩，對方把他手機弄丟了，曉光只得把對方手機留下來用，卻被對方媽媽指控偷竊，驚動警察到校查案，氣得老師指著曉光大罵：「每次都是你！以後你再給我出狀況，就叫你爸把你帶回家，逼你轉學！」

曉光很委屈，他說他在宿舍真的沒做什麼壞事，手機也不是他偷的，可是老師不聽，說他是壞孩子。他說，以前對他很好的〇〇老師鼓勵他說，如果發生什麼事，一定要說出來，他說了，可是沒人相信啊，他有點小難過。

校方召開個案會議，曉光爸爸臨時走不開，請張萍代為出席。她才坐下來，就有老師語中帶刺說，國賠贏了，爸爸就不關心、就不來開會囉？現在小孩一個人住單人房，是有特權喔？

學校臨時更動開會時間，爸爸要上班，怎麼從外縣市趕來？曉光改住單人房，是怕他又被欺負，怎麼是特權？張萍頻頻解釋，卻無人理會，只是不斷抱怨曉光不聽話，狀況多，現在除了開藥，他們已無計可施。

「開藥？曉光有什麼病？你們要開藥？」張萍不解問道。

「應該是過動，我們會開過動的藥給他。」醫師如此答覆。

過動？曉光頂多是頑皮，怎麼會是過動？他們怎麼可以說開藥就開藥？張萍要求醫師說明診斷過程，其他人馬上你一言我一語地說，這小孩問題很多，實在管不了，反正單親小孩就是這樣，家長要負最大責任。

「去跟這些人開會好像打仗，真的很累。他們一直說曉光會這樣，都是家庭的責任，這明明是學校的問題啊！我當場就說，你們今天都應該帶著贖罪的心情來處理這件事，我真的非常非常生氣！」張萍氣呼呼地說。

我想曉光心裡一定很難受，寫了封信給他，順道附上MOMO的照片。幾天後，他回信了：

阿姨好久不見！你怎麼會有給我（信），我覺得真的好高興囉！！我知道你很想念MOMO對嗎？別難過！我上次談一談得很開心，謝謝你和我爸聊天。

看完了信，不知何故，我狠狠啜泣起來。

2

珊珊有著一雙深黝晶亮的眼睛，見到人總是眨著那雙日式美少女般的黑眼珠，是個很討人喜歡的少女。

這個聰慧可愛的女孩，從小學就被欺負了，那些不堪的經歷，只能用「慘」來形容。D老師只要提起她，話還沒出口，眼眶就紅了。

她有很長一段時間需要鎮定劑才能入眠。她只要看到長得有點像欺負她的人，就會仿若得了氣喘，幾乎窒息。她一心一意想報仇。她一度痛苦到自殘。

逃離，是她一度採取的自救方式。她說些無傷大雅的小謊，編織無法實現的美夢，就算被人拆穿了，也無所謂。同學覺得她怪，她無從辯解，也不能辯解。她內心有種微弱的渴望，希望有人傾聽她的聲音，只要她試圖提起，就會被大人打斷。

那是種深層的恐懼，不知所措的處境，大人一再告訴她，忘了吧。她想忘，可是忘不掉。

是張萍與廖慧嫺將她從孤單的困境中拯救出來，為她生命找到了春天。她們陪著珊珊一起讀《性騷擾防治手冊》，教她如何拒絕別人保護自己，為她找輔導資源，聆聽她訴說難以言喻的痛苦，安撫她焦慮不安的情緒。她們像珊珊的家人。

第一次見到珊珊是在她位於山上的家，那天珊珊人在外頭，我先跟阿公阿嬤聊天。阿公聰明有膽識，他說有天起了大早去學校看珊珊，已經快七點了，學校大門竟然還沒開，直到他按電鈴，保全才來開門，而且宿舍裡的孩子都還在睡覺！「還有一次，學校找那個心理專家來上課，外國來的，教授級的，很厲害，我也跑去聽。結果來上課的老師，打電腦的打電腦，玩手機的玩手機，唉，金害！」阿公忍不住搖頭。

他聽說「學校出過事」，一直以為與自己無關，怎麼也沒料到他的寶貝孫女、他心愛的珊珊也是受害者！他痛苦到幾乎抓狂。「學校為什麼會發生這麼多事？其他學校不是沒有，可是他們為什麼這麼多？這個學校自己要檢討！我曾經當面跟那個○○主任說，你們學校真的很糟糕！」阿公憤憤地說。

最讓阿公心痛的，是他發現任憑怎麼努力，再也無法讓珊珊、整個家恢復到從前了。他坦承痛苦到不知該如何宣洩，可是他是一家之主，如果他倒了，其他人怎麼辦？阿公滔滔不絕發表意見時，阿嬤靜靜坐在一旁，不發一語，我幾次想讓她加入談話，她常說沒兩句就自動打住。直到阿公談到必須不停參加性平會、個案會、協調會、法院，簡直是疲於奔命，阿嬤突然插嘴：「對啊，你什麼都自己處理，都不跟我講！」

原來阿嬤有心臟病，阿公擔心她承受不了打擊，一直瞞著沒說。阿嬤不識字，不會說國語，就算再怎麼遲鈍，也感覺得出情況不對。那段日子珊珊動不動就發脾氣，阿公又頻頻往學校跑，她把學校、法院寄來的一疊通知單全部翻出來，看不懂也拚命看，竟也拼湊出部分事實。

「我不是不明理的人，可是對方一點表示都沒有，這不是欺負人嗎？我的心真疼啊，這不是看不起我們嗎？用這種步數欺負人……」阿嬤哽咽了。

「好了好了，過去就過去了，不用再說了，反正我都有在處理了。」阿公不耐煩揮揮手。阿嬤撇過頭去，賭氣把臉朝向院子，刻意不看阿公。

這時珊珊打電話回家，要阿公開車去載她回來。張萍跟我很有默契，事前完全沒套招，她主動對阿公說：「我跟你去接珊珊好了。」讓我跟阿嬤有機會單獨談談。

阿嬤跟我聊了很多，八十多年的人生歷練，她聽過、見過的事可多了，若要說此生還有什麼遺憾，就是珊珊吧。珊珊脾氣個性都變得有點古怪，沒事就衝著她使性子，讓她又氣又難過。

「照理說，做孫的怎麼可以對阿嬤這款？可是我都讓她，我想說只要她心內爽快，就會好一點。可是我真的覺得很委屈，阿公什麼都不跟我說，珊珊又一直罵我……」然後，阿嬤哭了。

她說，珊珊回家只會看電視，她覺得小孩子正在發育，應該多睡覺，珊珊凶她：「我的事不要你管！」珊珊沉迷電腦及網路交友，阿嬤要她別在外面黑白來，珊珊心煩怒嗆：「都是你讓我去念（這所學校），我才會這樣……都是你害的！」

「她發生這款代誌，我的心真的很痛。學校沒有往上通報，是因為他們會怕，如果他們馬上處理的話，怎麼會一直發生？」阿嬤一臉憂傷地問我：「老師跟我說，是珊珊她自己去找人家，人家才會對她阿捏，甘係金ㄟ？」

「絕對不是阿捏！阿嬤，你麥聽他們黑白講！」

「我也是這麼想啦，可是他們是學校的老師捏，老師甘ㄟ講白賊？」

我無言以對。

※　※　※

原來懶洋洋趴在門口的小狗小旺突然站起來，對著馬路拚命大叫。是珊珊回來了。她見到我嫣然一笑，羞澀地挨著張萍坐下，迫不及待打開張萍寫給她的卡片，一字一句讀著，臉上漾起幸福的笑意。

「謝謝阿姨！」她的口語表達能力很好，清清楚楚的。

張萍指指我說，這個也是阿姨啊，陳阿姨。她淺淺一笑，說了聲陳阿姨，拿在手上貼滿碎鑽、BLING BLING的手機晃啊晃的。

我用曉光教我的手語，打出「很高興見到你」，她眼睛瞪得大大望著我，立刻對我劈哩叭啦打起一串手語。

「對不起，我只會幾句而已耶。」她眼神瞬間黯淡下來，顯然很失望。

我說，你的手機好閃喔，誰買給你的啊？她指指張萍，我露出「不會吧」的表情。張萍解釋說，珊珊借別人的手機聊天，打了一萬多塊電話費，阿公阿嬤快氣炸了。張萍覺得對珊珊這個年齡、又是聽障的孩子來說，手機是與朋友聯繫很重要的工具，便把自己的新手機送給她。

「哼，張阿姨對你特別好，她都不會送手機給我。」珊珊笑了起來，烏黑的大眼睛直盯著我看。

我問她，你們家小旺為什麼都不理我，見到我掉頭就跑？牠是不是只喜歡像你這樣的小姑娘，不喜歡我這種老太婆啊？

珊珊大笑說，你不是老太婆啦，一把將小旺捉過來，親暱地又搓又揉，讓小旺輕輕趴在她腿上，再慢慢把我的手拉到小旺鼻子前面。起初小旺有點抗拒，後來就主動過來舔我的手了。我學珊珊用指背輕輕撫摸小旺的背，牠舒舒服服把眼睛瞇成一條線，張嘴打了個好大的呵欠。

「牠現在喜歡你了。」珊珊開心說道，明亮的黑眼珠閃出點點光芒。

我們坐在院子裡東扯西聊，她說現在放寒假，她超開心的。她不喜歡上學，喜歡跟朋友聊天逛街，喜歡上臉書，可是前陣子玩太凶了，老師要阿公切斷家裡網路，現在只能跟阿嬤看八點檔《風水世家》，她覺得好悶喔。

「你知不知道，你小時候生病差點死掉，是阿嬤把你救回來的？」她瞪大了眼睛，說不知道。

阿嬤告訴我，珊珊三個月大時嚴重黃疸，全身起大量紅疹，就連臺北大醫院都束手無策。他們節衣縮食，努力攢錢餵珊珊吃一罐五百塊的奶粉，一天一罐，所有想得到的方法、買得到的藥及或偏方都試遍了，珊珊的病情就是不見起色。急瘋了的阿嬤力排眾議，決定把珊珊抱去給鄰村一個「沒牌的」女醫師看，沒看幾次，珊珊的病逐漸好轉。她的身體好了，耳朵卻壞了。

「這個，阿嬤沒跟我說。」阿嬤只會說河洛話，珊珊只會說國語，這是橫在她們祖孫之間的障礙。

「阿嬤很關心你耶，你知不知道？」她點點頭，卻前言不搭後語地說，阿嬤生氣的時候會一直唸一直唸，阿公擔心阿嬤心臟病發作，都不會回嘴，好可愛喔！

然後，她悄悄說了些小少女的心事，要我絕對不可以說出去。我在嘴上比出拉拉鍊的手勢，她哈哈大笑。

「你們兩個哪有那麼多話好講啊？」阿公笑嘻嘻走過來，「在聊什麼？」

「祕密！」說罷，我對珊珊眨眨眼，她又大笑起來。

3

「關心」是門很深奧的功課。每個人都有自己表達關心的方式，有人叨叨絮絮，有人靜靜守候，有人加油打氣，也有人義憤填膺，拔刀相助。

我不知道自己能為這些孩子做什麼。

有陣子珊珊常打電話或傳簡訊給我，通常沒什麼事，不外是要我替她查火車時刻表，替她打電話找醫生掛號，或說心裡好煩不想上學，我只能有一句沒一句地安慰說，沒辦法啊，要忍耐啊，說完自己都覺得廢話連篇。

後來，她會跟我談些比較私密的事，她很苦惱，我也很苦惱，不知該涉入到什麼程度。畢竟我沒受過心理諮商或社工專業訓練，對她的瞭解也十分有限，很擔心幫倒忙。

她與阿嬤的關係始終是個難題。她已練就把阿嬤當空氣般透明了，阿嬤說的話，她高興就回，不高興就當耳邊風。她很愛阿嬤，但看到阿嬤卻難受極了，心裡真正想說的，到了嘴邊全變了樣，情緒在極度的兩端辛苦奔波，她覺得好累。

那日一大清早，她連續傳了幾通簡訊給我，說她與阿嬤發生嚴重衝突，有理講不清，要我向阿嬤解釋，末了加了句：「你說的，阿嬤一定會信！」

我不覺猶豫起來。珊珊北上看病，我擔心她們一老一小人生地不熟，自告奮勇表示可以陪同，那日阿嬤跟我聊了很多，我感覺得出來，她很信任我。這次她與珊珊發生衝突，我這個外人該不該插手？我硬著頭皮打電話給阿嬤問明究竟，果然，她的說法跟珊珊完全兩樣，我不知該如何是好，只得向張萍求助。張萍說她有時間會去問問看，然後，事情就神奇地搞定了。

我覺得張萍很像千手觀音。她除了辦公室的例行工作，還要處理全臺校園性平案，幫忙打官司，照顧孩子情緒，當他們的朋友、社工及心理醫師，還要當家長的朋友、社工及心理醫師，一天只有二十四小時，她是怎麼辦到的？而且我從沒聽她抱怨過，一次都沒有。珊珊阿嬤跟我提起張萍，總是一再誇讚說，怎麼有這麼好的人啊，不為名又不為利，還好有她這種人，讓媒體知道有這種事，讓校方有壓力被提醒，要不然，不知道有多少人會被害！

剛認識張萍時，聽她講陪伴孩子的歷程，很像在聊六法全書，理性而嚴肅，完全不帶感情。我心想，哇，這人好厲害，可以用如此鎮定的口吻回顧痛徹心扉的事。後來或許是比較熟了，她提起某件事或某個場景，眼淚簌簌自臉龐滑下，久久無法言語。

有回她從背包掏出一只布製小錢包，獻寶似地拿給我看說，婉柔做的，她很厲害喔，做了好多個，送給我們人本義賣耶。我接過小錢包，褪色的外表，看得出長年使用的痕跡，她把小錢包擱在手上把玩了一會兒，用手輕輕拍打錢包表面，像是要拂去灰塵似的，再小心翼翼放回背包。

她的社會形象有點爭議，有人（像我）覺得她很像俠女，也有人（像教育部官員及學校老師）覺得她愛炒新聞。可是她不在乎，一點都不在乎，她在意的只有孩子，也只有在提到孩子時，才會情緒激動，無法自已。她聊起過去只顧著幫婉柔打官司，沒替大文求情，直到學校又出事，才想到大文可能也受害，竟自責地哭出聲來。

唉，就算是俠女，也有脆弱的時候。

「你怎麼碰到的都是這種案子啊？要是我的話，我絕對撐不下去。」我說。

張萍先是翻翻白眼，說了些「拜託喔，我也不想這樣好嗎？」「反正我是自找苦吃啦！」之類的話，而後認真答道：「像我們這種工作的替代性很低，很多事，別人真的做不來，要上手也不容易，唉，反正看不下去，非做不可，就……有毛病啊！」

感謝老天，世界上還有像她這種「有毛病」的人。

二、丈量良心的尺度

1

從高鐵站下車一路趕到法院時，凱林媽媽在大廳正在與人交涉，旁邊站個扛著攝影機的人，凱林則是遠遠站在一邊，看來不知所措。

「怎麼回事啊？」我把媽媽拉到旁邊，低聲問道。

「就記者啊。唉，我也不知道怎麼辦。」媽媽苦著臉說。

凱林媽媽是少數願意面對媒體的家長，她在記者會聲淚俱下訴說內心的痛苦煎熬，也參加談話節目痛斥校方的推拖卸責。這次是怎麼回事？

「他們從我們家一路跟拍到學校，然後又跟到法院來，我跟他們說不要再拍了，好不好？這樣對小孩子不好，他們一直說不會啦，一定會上馬賽克。一臺機器跟了我們半天了，我是覺得說已經拍那麼多，夠了啦。」

「他們是怎麼找上你的？」

「張萍說記者想採訪家長，問我願不願意，我想說好啊，只要讓更多人知道學校的事，是沒有關係啦。可是這樣一直跟一直跟，我是覺得很誇張啦，以前的（記者）都不會這樣。」

記者應該沒有惡意。電視新聞不能只收音沒有畫面，希望媽媽站在攝影機前講點話，如果可以的話，順道也訪問凱林。他們再三保證，一定會盡到保護的責任，絕不會讓凱林身分曝光，媽媽雖不情願，卻開不了口。

「如果你覺得不舒服，可以拒絕啊！」

「我答應過張萍跟慧嫻，只要需要我幫忙，我一定配合。」

「她們絕不希望你勉強自己。」

「我知道啦，可是我虧欠人本太多了。」媽媽是很重然諾的人。

記者走過來說服媽媽，一面勸說，一面逕自將麥克風往媽媽身上掛，她只得勉為其難戴上口罩，背對著攝影機，配合地說了一小段話。事後張萍非常自責，要求對方立刻將這段畫面從網路上撤下來，對方也配合地照辦了。從頭到尾，媽媽沒有失控，沒有情緒崩潰，只是客觀描述事實，她怎麼可以如此冷靜？

「沒有喔，剛開始的時候，我也是每次講每次哭，是到後來才慢慢習慣的，反正哭也不能解決問題。」媽媽告訴我，很多家長很想出來，可是不敢，怕被貼標籤，怕害到小孩。「不像我啦，我是覺得又沒做什麼壞事，是沒有在怕的，如果不是怕會影響到小孩子的話，我才不要戴口罩、戴漁夫帽咧，看起來好好笑。」

雖然在記者會上戴著帽子外加口罩，仍有鄰居認出媽媽來，因為她美麗的髮型與戒指。「齁，我簡直快昏去！後來想想，那就是我啊，不然要怎麼辦？」

凱林媽媽很有正義感，也很有勇氣，因為凱林無法親上火線，她決定代子出征，也代替其他孩子及家長發聲。只是像她願意挺身而出的，是少數，多數當事者寧可選擇沉默，以免受到精神凌遲。

為什麼要說出來？把一切都說出來，好嗎？為什麼要把最私密的傷痛公諸於世？有孩子告訴爸爸被欺負，爸爸跟他吵了一架；他告訴媽媽，媽媽要他別再提了。他很痛苦，必須找到宣洩的出口，偷偷告訴同學，老師知道了諷刺說：「自己到處講，哪像是受害啊？」

很多人對「受害者」有種純潔的、可憐的想像，認為他們必須是畏縮的、沉靜的，就算感到愉悅也不能表現出來，這真是殘忍的要求。我永遠記得耀華聊起最愛的碰碰卡丁車，臉上露出興奮的紅光，也不會忘記珊珊追著小旺又跑又跳開心的模樣。他們有時歡笑，有時快樂，不表示沒有痛苦創傷，他們必須找到支撐自己活下去的力量。

出身愛爾蘭勞工家庭的凱西・歐拜恩（Kathy O'Beirne）五歲遭受凌虐及強暴。她年紀小，什麼都不敢講，長年慘痛的記憶憋在心裡，就像隨時會爆發的火山，讓她痛苦到想自殺。直到長大成人，隱藏多年的傷口逐漸重見天日，她決定承認自己的無助與害怕：「我覺得應該公開自己的遭遇……我心裡在吶喊：公理正義……睜一隻眼、閉一隻眼，不是過日子的方法。」[1]

勇敢說出來，有時是為了別人，更多時候是為了自己。性侵倖存者米樂生・柯林渥斯（Millicent Collinsworth）說：「性虐待或強暴的受害者就好像燔祭的存活者，他們必須說出來，因為說出來的過程具有一種清淨作用，是對自我的再確定與肯定。」作家南方朔用「疽化」[2]這個概念，說明受害者說出被性侵經驗的必要性——唯有讓傷痕腐熟爛盡的脫落，才可能長出新肉。

對年幼又有口難言的聽障生來說，「說出來」尤其重要，他們必須認識性侵是什麼，用言語或文字表達出來，才能解除罪惡感及羞恥感。他們必須感受痛苦、讓羞恥感成為過去，才能撫平內心的裂縫與空洞。這是他們讓痛苦被外界理解的機會，也是勇者才做得到的事。

然而很多（大）人卻不這麼想。他們嚴厲下達封口令，要孩子乖乖閉嘴，不要多說，否則會被看不起，一輩子抬不起頭來。這樣的擔心，這樣的猶豫，究竟是為了孩子著想，還是源於對真相的恐懼？

或許，是真相太教人屏息、太教人不知所措了，我們還沒準備好傾聽孩子的聲音，寧可他們保持沉默。

2

打破沉默、揭發事實，是走向療癒的重要步驟。但有人不以為然。

事發之初，官員要求人本「注重保密，不要造成任何人再度傷害」，聲障團體對事件被媒體大幅報導「對學生的隱私權有深深的憂慮」，質疑「難道學生應該被二度傷害？」[3]

人本有沒有保密？有沒有造成二度傷害？至少就我的瞭解，他們保密功夫做得極好，不曾洩露學生身分，小元爸爸也跟我說過：「張萍很保護小孩，從來不提他們的名字，有些小孩是誰，連我都不知道。」

的確，性侵有時會成為一輩子洗刷不去的汙名，當性／性侵塑造成恥辱的印記，甚至被賦予道德的枷鎖，是否會成為受害者被控制的手段？正如史英說的：「有人說，我們可能會對學生造成二度傷害，我覺得不會，如果真的去接觸他們跟家長就會知道，沒有什麼傷害會把他們現在的處境傷得更重！」反倒是校方在接受某平面媒體採訪時，透露不少足以辨識涉案學生的特徵，讓他的身分差點曝光。

外界對公布真相的疑慮，並非憑空想像。記者瘋狂追逐當事人，把他們一舉一動變成賣點，將受害者的傷痛與淚水當作高潮，我們已經太熟悉了。聲暉聯合會祕書長江俊明指出，這是「臺灣特殊教育一百二十年最大的傷害」、「南部某特殊學校，全臺灣誰都知道它是什麼，但是我們又難以對號入座，這是我覺得媒體對我們不公平的地方。」[4]

公開，會對某些人造成傷害，不公開，會讓孩子繼續受害，到底該怎麼做？是難解的矛盾，也是價值的抉擇。人本不是不瞭解揭露事件的風險，為了避免重蹈覆轍，他們不得不有所取捨。我以為，那時以人本手上掌握的資料與證據，大可直接公布校名，也不會吃上誹謗官司，但他們沒這麼做，就是怕外界模糊焦點，把事件簡化成是「特教學校」、「特教生」獨有的問題。這樣的善意卻始終被忽略，尤其媒體只繞著受害人數、受害情節、家長的眼淚、人本的指責，校方的辯解等問題打轉，不斷重複又重複，光看這些零星片段的報導，既無助於瞭解事件全貌，亦加深了校方對人本的惡感。

凱林媽媽談起上電視的經驗，也是語多感嘆：「我覺得主持人對這個議題不熟，錄完節目以後我是有點後悔啦。我跟慧嫻說，怎麼好像都沒有講到重點？」廖慧嫻也說：

「對啊，rundown的問題都不錯，怎麼後來都沒問？」

這也是人本的無奈。明知喜於獵奇的媒體可能抹煞揭露事實的意義，最後只剩下雞零狗碎的閒言閒語，又不得不冒點風險，借力使力。每次開記者會，媒體有如正義之士，疾言厲色控訴不義，可是過沒幾天，新聞價值消失了，正義便有如過季流行，被徹底掩埋在新的流行裡，消失不見了。

一窩蜂的、簡化的報導只是無趣無聊，還不至於駭人，真正駭人的，是那種認真過頭、鍥而不捨的記者。有一次有記者從張萍那邊打探不到線索，直接透過臉書找到珊珊，還好，雜誌上的照片打了馬賽克，一般人應該認不出來。我急急發簡訊問珊珊：「你為什麼要答應接受採訪？」她天真回說：「因為你們都是好人呀！」

我很慶幸現在新聞的壽命都很短，並暗自禱告看過的人馬上忘掉。

3

今天的新聞，到了明天就變成舊聞，就成了歷史，而媒體向來對歷史沒什麼興趣。

與媒體打交道久了，人本深知記者喜歡什麼，不喜歡什麼。為了讓議題訴諸輿論，總不能老靠找立委、開記者會，這不是長久之計，何況記者會不小心就會淪為苦難表演秀，就像沒有舵的船隻在海上隨風漂流，即使主辦者力挽狂瀾，也未必能扭轉局勢。馮喬蘭與張萍一度考慮拍攝紀錄片，有導演表示高度興趣，然而涉案大人不願意配合，受害小孩及家長不可能曝光，怎麼拍？計畫談到一半，就不了了之了。

所有能做的，人本都做了，能試的法子，也都試了，教育部就是文風不動，學校依舊消極以對。不甘心的情緒不曾隨時間流逝而消失，張萍總是想，只要再多做一點什麼，或許就會有所改變，何況受害家庭的苦難並未因此結束，難道期待學校改變，注定只能怔然想望？

一個春寒料峭的日子，她在臉書留下一段極其哀傷的文字，一看即知是為了這個案子。我私下去信問她，她不改俐落爽快作風，只簡單回了句：「陪○家開調解庭，女生家長求償」，就沒了。

隔了幾天她告訴我，她把那天的過程全寫在臉書上頭了：

我們處理南部某特教學校大規模性侵事件已經快三年了，這段時間我們馬不停蹄地陪著跟我們求援的家長及孩子們，不管是以受害身分還是加害身分，出席學校的、婦幼隊的、地檢署及各地法院的各式調查或偵查。有時長達三個多小時反覆偵訊，讓疲憊又恐懼的孩子在結束訊問時，充滿期待的眼神問：「這是不是最後一次？」我常常無言以對，也不忍告訴他們：「後續還有法院要調查。」明明知道整件事情裡該負最大責任的共犯結構，都是學校裡長期隱匿不報的教職員，以及沒有盡到督導責任的教育部主管，然而真正面臨刑責一再折磨的，卻都是這些家長及孩子，無論是受害人，還是受害轉加害人，而這正是我們的法律程序。

雖然在去年，我們成功協助了三個受害人或受害轉加害人向特教學校取得國家賠償協議，今天，卻是第一次陪孩子及家長出席法院的民事調解庭。還記得不久前，家長沮喪地來電告知，又收到傳票了，不知道是什麼事，也不知道對方是誰？雖然隱約感覺是民事賠償事件，我們也只能陪同到現場後，才能得知端倪。那天我提早去法院報到，看到單子上共有三個被告，但有一人缺席未到。我遇到另一個被告的父母，兩人都放下工作陪孩子到場。媽媽抱怨說：收到法院的通知很緊張，打電話去學校問，學校不但一問三不知，還說：資料都在學校，要看就到學校看！媽媽著急地說：「學校寄來的性平事件調查報告根本看不懂。」還說：「一直到出事後，才想起來，以前一直有人暗示：不要讓孩子去讀這所學校。可是當時怎麼會聽得懂？」媽媽比著頭部說：「孩子還曾經被王姓宿舍組長打傷！」爸爸接著說：「一點皮肉傷，沒什麼。王組長才壓得住學生！」

九點半調解庭開始，主持人無奈地說這已經是他處理的第三件了，並說，聽障的受害孩子非常單純、善良，都很願意原諒同學，不予追究，他認為修復關係是很重要的。一開始，先由原告的父親發言，他引臺語俗諺說：「兩院不要走，一個是病院，一個是法院。」他是不得已才會來法院提告。他說：女兒自小學就送到聽障學校住校，在該校讀了十多年，發生這樣的傷害，事後都沒有任何家長跟他聯繫、向他道歉，孩子的七十五歲阿公心裡很不服，吞不下這口氣，堅持要提告……

被告父母說，學校寄發的性平報告都是代號，他們完全看不懂，也不知道是誰。知曉後，當場都向原告父親道歉，請求原諒，並說：「如果是我的女兒發生這種傷害，我也會一樣痛心。」原告父親完全不知道學校被監察院彈劾了十多人，也不知道有九十多個孩子受害，更不知道其中許多加害者也曾經是受害人，但是，站在一個聽障生家長的心情，最後他忍著傷痛緩緩地說：「為了保護孩子，同意不再追究，不要讓這兩個孩子留下不好的紀錄。」兩個被告孩子立即站起來向原告父親鞠躬道歉，用不清楚的發音說：「對不起！」這時，雙方父母都流下眼淚……

看到這一幕，我無法控制我的淚水……，其實，這三個家庭不都是受害者嗎？我明白他們的委屈，我聽過好多好多聽障生父母說過，他們當初老遠送孩子進這所國立特教學校就讀，都是為了讓孩子有更美好的未來，都是擔心自己身故之後，孩子是否能獨立生活。他們期待孩子在特教專業協助下，即使不能報效社會，最起碼也能養活自己，不要依賴別人，這不過是一個最卑微的請求。即便在參觀特教學校前後，不時有校內外人士暗示他們，最好不要讀這間學校，或是，最好不要住校。然而，誰會想到這所學校竟然如此不堪，數十年來性侵害不斷，有男老師對男學生，男老師對女學生，學生對學生……

更可怕的是，學校早就知情，而且習以為常，見怪不怪，還可以大剌剌地說：「學校不能保證學生的安全！」「學校沒有通報的疏失，沒有管理上的疏失！」「你們在乎的是學生，我們在乎的是公務員（教職員）。」所以，學校非但知情不報，也沒有告訴家長：孩子已經受到學長性侵害，更沒有找專家諮商輔導雙方。久而久之，孩子由受害人轉為加害人，當父母知情時，孩子已經犯下大錯，開始面對司法一一追訴。這些父母信賴政府和學校的結果竟是這種下場，情何以堪？他們只能一再自責沒有聽出早年的各種「暗示」，自責沒有早點把孩子帶離這間可怕的學校……然而，這究竟是誰的錯？是誰對不起誰？

真正犯錯、該道歉的人，從來不需要來到法院接受調查，更不需要一一向他們深深傷害的孩子及家長鞠躬道歉，或者說聲「對不起」……

離開法院前，原告父親對另兩位被告家長說：「拍謝！給大家添麻煩多走這一趟，回程請慢慢開車……。」就在今天，我看到三個心碎的家庭，彼此體會對方的心情而互相道歉，這是多麼高貴而善良的百姓啊，然而，誰來修復他們破碎的心？

張萍情緒激動，是人性的殘忍踩到她道德的底線，迫使她一再想有所行動，如果不是她著意護持，拒絕遺忘，整起事件早就跌進歷史裂縫裡，無人聞問了。可是，她已經做了那麼多，到底有沒有用？現在，她還能做什麼？

當然，以張萍的個性，不可能讓自己閒著。事隔一個多月，她說人本正在籌備研討會，從個案探討、教育結構及國家體制等角度分析特教學校事件，並試圖指出解決之道。「辦研討會的錢還不知道在哪裡咧，反正，就先辦了再說，錢的事，讓喬蘭去操心。」

這女人真是熱情天真，不知江湖險惡，無論何時都能從她眼瞳看見點點火光。

「你覺得教育部或學校會有什麼反應？」我問她。

「不知道。可是小孩還在那裡受苦，我不能見死不救！」

「你們已經開過那麼多次記者會，他們都置之不理了，就算辦研討會，他們會因此而改變嗎？」我不想洩她的氣，又不得不說真心話。

張萍望著我，似乎跟我一樣被這個問題嚇到：「可是……我不甘心！」然後，她哭了。

我覺得自己真是殘忍到了極點。

還好，研討會那天來了一百多人，幾乎坐無虛席，至少證明有人是關心的。張萍見到我，立刻翻開大會手冊序言要我看：「史老師寫的。唉，他怎麼會寫成這樣？我沒想到他會寫成這樣……」

向來炮火猛烈、毫不留情的史英，以抒情筆法寫下他的感慨與期待：

紀德在《地糧》裡說：「不是同情，而是愛。」若是出於同情，我們會辦救濟院；然而我們辦了學校，這就證明，是出於愛。因為愛，我們便瞭解，即使身心功能和一般不同，他也想要學習，也能夠學習，也會成長為我們之間的一分子，而且終於能和人們相互扶持：是「相互」，而不是只能等著別人施以援手！

……然而，要在人間實現愛，並不是容易的事情。再一次地我們看到了，我們最大的敵人，正是我們自己：在這「以愛（而不是同情）之名」所辦的特殊學校裡，發生了不幸；在尋求補救的過程中，出現了許多不該有的困難……在這艱難的路上奮力前進的同時，我們考驗著我們自己：生而為人，我們不斷地質疑：這些不幸，真的是來自於所謂「人性」而終於無法避免嗎？還是只要願意檢討反省，我們就能慢慢地進步？犯錯的人，只能無奈地接受處分或逃避處分，還是也可以拿他們的經驗來啟發他人，讓我們大家都能變得更對一些，更好一些？[5]

張萍負責報告案件始末，她以冷靜到近似冷酷的語調，逐一訴說案件數量、受害人數、受害地點、老師反應及官方回應。我知道，她不是冷靜或無感，而是情緒已經飽漲到了臨界點，只要鬆懈下來，就足以讓感情潰堤，她不得不極力克制住情緒，別讓自己失態。

最令我驚訝的是東華大學蕭昭君教授提到，她有學生是該校畢業的，他告訴蕭教授說，有學姐不幸遭到學長性侵，為了報復與自己不和的女同學，竟唆使欺負她的學長性侵對方！

窗外是將近三十度的高溫，我感覺像是突然被扔進冰水裡，所有驚訝的、憤怒的、憂傷的情緒全都結成了冰塊。

「我一直在想，她為什麼要這麼做？後來我想，可能是他們被侵犯了以後，沒有人能夠理解、幫助他們解除這樣的痛苦，所以當他們感到痛苦的時候，不知該如何宣洩，只是出於本能的想讓別人嘗嘗痛苦的滋味，所以就去侵犯別人，或是叫別人去侵犯人。或許，這就是我們看到很多『受害人』最後會變成『加害人』的原因！」說著說著，蕭教授有感而發：「張萍常跟我討論這件案子，每次半夜我們透過網路討論的時候，我都有種『孤臣無力可回天』的感覺，覺得人本很孤單……」

D老師為了這場研討會特地北上。我以為他只想靜靜當個聽眾，沒想到開放討論時，他主動起身表明身分：「為了今天要講什麼，我已經準備很久了……」

現場頓時鴉雀無聲，那是種古怪的、讓人畏懼的寂靜。

D老師緩緩道出外界難以置信的場景，無法想像的情節，令現場驚呼連連。他提到這段時間承受的壓力與屈辱，同事的孤立與排擠：「現在回想起來，我覺得自己算是滿勇敢，也滿堅強的，只是我不知道在這種情況下，自己還能撐多久！」這番誠摯的發言，立刻贏得全場澎湃的掌聲，彷彿是在跟他說：我們挺你！D老師靜靜坐著，嘴角不時微微顫抖。

研討會結束時，太陽已全然西下，夜幕低垂。我們一起走出會場，D老師告訴我，他一直覺得自己是孤軍奮戰，沒想到校外有這麼多人支持他，他感到很安慰，也讓他有了繼續奮鬥下去的勇氣。

我不知該如何接話，只好拍拍他肩膀，俗氣說了聲：「加油啦！」

這時忽然下起小雨來，瀰瀰漫漫，把整個向晚的天空織成綿綿密密的網。他微微一笑，禮貌地向我道別，隨即消失在下班擁擠的人潮與車潮中。

1《地獄童年》，凱西・歐拜恩著，謝儀霏譯，臺灣商務，二〇〇六。

2〈祝福所有艱苦成長的孩子——代序二〉，南方朔，《暗夜倖存者》，徐璐著，皇冠，一九九八，頁二三。

3〈學生隱私應在言論自由之上〉，莫素娟，二〇一一年九月二十六日，聲暉聯合會新聞稿。

4〈特教學校性侵新聞處理　孩子受害〉，公視手語新聞，二〇一一年十月七日。

5〈自有生命以來〉，史英，見「聞聲救苦從何做起？從南部特教學校性侵案開始」研討會手冊，頁四至頁五，二〇一三年五月四日。

V
一座孤獨的島嶼

一、咫尺天涯

1

二〇一三年的腳步剛邁入夏天時，監察院邀請張萍擔任「從教育體制看臺灣婦女人權」會議教育場次的引言人。只有十分鐘可以報告，根本說不了什麼，她左思右想，決定藉這個機會瞭解特教學校的現況。

「前陣子到學校開小孩個案會議，校長看到我哭喪著臉說，張主任啊，這學期又發生十幾件性平案，怎麼辦？我心裡想，欸，這是你們學校耶，怎麼問我啊？」她嘴上說得平靜，心裡焦急得要命。

她已經很久無法獲知學校真正的情況了。事發之後，不僅討厭她的老師防著她，過去還算友善的老師也頻頻抱怨：「拜託你們不要再開記者會了好不好？我現在都不敢承認是這裡的老師，覺得好丟臉！」她四處打聽，側面得知被彈劾及懲處的主管依舊掌管校務，沒有被換掉，教育界人士私下透露：「學校那批人依然故我，而且，沒有任何人被解聘。如果不換掉，恐怕很難改變什麼。」她聽了更憂心了。

這次監察院召開會議，教育部特教司會派代表答覆提問，張萍很想知道教育部輔諮小組無疾而終以後，現在是誰輔導孩子？成效如何？性平案是否獲得控制？教職員的手語能力是否有所改進？

特教司回應了五張A4大小滿滿的文字，大致可歸納為以下幾個重點：

一、該校與所屬大學組成「校園性平專業諮詢小組」協助改善性平教育知能，並由教育部及該所屬大學共同監督；

二、該校二〇一三年一至五月性平事件總計通報十三件，其中十件屬性平事件，三件不是；

三、該校從一〇〇學年度起，要求新進教師及代理教師手語能力須達初級程度，正式教師則是中級，全校同仁皆通過性平手語基本名詞檢定。

四、該校一〇〇學年度總計初級輔導二八六三人次，次級輔導七十八人次，三級輔導九九〇人次；一〇一學年度統計至五月十七日止初級輔導三五一九人次，次級輔導五十七人次，三級輔導四八九人次。

從特教司的回應看來，性平事件是減少了，老師手語能力也被重視了，即使這都是最基本、早就該做的事。只是通篇回應只見大量數字，不見質化衡量指標，例如張萍問輔導成效是什麼，特教司僅以開過幾次會、進行幾次討論、輔導過多少人次作為回應，看來看去，全都是實問虛答。主事者有沒有清楚掌握到問題？有沒有分析問題的方法與能力？這樣的報告根本禁不起具體問題的提問，已經破綻百出了。

至於張萍追問隔了九年才在二〇一二年底被迫進行的「全國性特殊教育學校評鑑」結果，特教司說明如下：

一〇一年十、十一月辦理「一〇一年度特殊教育學校校務評鑑」，該校於一〇一年十一月二十二日完成校務評鑑，評鑑具體內容：以「項目→指標→參考效標」三個層次進行設計。其項目有七項：（一）校長領導（二）行政管理（三）課程教學與實習輔導（四）學務輔導（五）環境設備（六）社群互動（七）績效表現；本次評鑑將性別平等教育、法定通報事件（如：性平、校安、中輟等）、內部控制制度、個別化教學計畫、轉銜輔導、維護校園安全計畫等項目納入評鑑指標與參考效標，並由評鑑委員針對學校各項提供詳細改善意見，相關缺失亦納入教育部專責行政督導小組會議中列管改善情形。[1]

該校評鑑結果是什麼？是甲等、乙等、還是丙等？「相關缺失」是什麼？「改善情形」又是如何？特教司全都語焉不詳，說了半天，等於沒說。

如果該校經過整頓已步入正軌，評鑑結果大可公開，沒什麼好隱瞞的。特教司避重就輕的回答，反而讓人懷疑是評鑑結果不佳，才不敢對外公布。問題沒有解決，又回到了原點。

這樣顧左右而言的回覆，沒有讓張萍特別訝異，只是不知該感到憤怒，還是輕蔑：「我們一直主張讓專業團隊進駐學校，就是這個道理，要學校自己改變？不可能嘛！如果他們反對專業團隊進駐，至少在問題沒辦法全面控制之前，就不該再招收新生啊！」

我腦中飛速滑過許多畫面：某老師聲嘶力竭的控訴：「如果沒有學生敢來念書，就算有專業團隊進駐學校，又有什麼用？」某律師的名言：「你們在意的是小孩，我們在意的是公務員。」加上特教司四兩撥千金的說辭，一個個緊扣的環節接二連三浮現，全都對上了意義：他們想要的從來不是正直，不是誠實，而是穩定沒有改變，任何足以攪動平靜無憂日子的做法，他們都無法接受。

他們從來沒把孩子放在眼裡。

2

《永不放棄》(*Won't Back Down*)是部取材自真實事件的電影。劇情描述兩位母親為對抗教育系統對身障生的歧視，赤手空拳挑戰僵化官僚體制，就算周遭冷眼旁觀，大潑冷水，她們也沒有放棄。其中有位母親說：「時間是有限的，現在孩子還有希望，之後就太晚了，所以我們現在就要採取行動，解決問題。」

幾年來，人本及家長不知開了多少次記者會，向教育部檢舉了多少次，向法院按鈴申告涉案公務員至少兩次，全都有如以卵擊石，激不起太多回應。他們原以為這個社會正在解凍，正在冒芽，那麼多的街頭抗爭、公民運動遍地開花，隱隱約約，有種春暖花開的態勢，特教學校發生如此離譜的事，應該有很多人關心才對。可是見諸媒體的新聞有如平地一聲雷，轟隆一聲巨響，就沒了，而且整件事聽起來太不可思議，近乎不可能，讓人難以相信這一切都是真的。

在那段困頓的、找不到出路的日子，南韓的「熔爐效應」，彷彿讓他們找到一線曙光。

南韓光州仁和社會福利特殊學校是家族經營的聽障學校，二〇〇六年，女學生向管理宿舍的全應燮老師泣訴被師長性侵，全應燮在震驚之餘向校方反應，卻被誣告他性侵學生。原來，包括校長及校長弟弟在內六位職員，全是加害者！

全應燮知道自己必須走入黑暗，卻沒讓黑暗進入他。他向光州身心障礙家庭問題諮商中心揭發此事，立刻引發民眾憤怒，包括婦女、教育、人權等四十多個團體組成「性暴力對策委員會」，替口不能言的聽障生討回公道。警方及國家人權委員會確認學生受害，校長及總務主任仍被判緩刑獲釋，其他狼師則因過了七年公訴期，悉數全身而退。

民間團體持續不斷抗議，請願與陳情，不曾間斷。六年之後，「南韓國民作家」孔枝泳在報端看到該案開庭新聞提到：「被判處輕刑，並得以緩刑，翻譯成手語的瞬間，法庭內充滿了聽障人士發出的驚呼聲。」短短一段話，勾起她探究的興趣。她透過管道與學生相處十天，深入瞭解他們的痛苦與心聲，寫下《熔爐》這部小說，引起轟動。導演黃東赫又根據小說拍成同名電影，更是瞬間點燃人民怒火，發起百萬人連署，要求警方重啟調查，嚴懲性侵老師，「熔爐效應」迅速蔓延開來：

■二〇一一年九月，電影上映不到一週，光州警方在輿論壓力下組成專案小組，重新偵辦此案。同年十月，韓國教育科學技術部對全國住宿型學校展開全面檢查，設立專為防止身心障礙學生遭受性侵的「常設監督團」，對全國教育機構從業人員是否有性侵前科進行調查。

■二〇一一年十月四日，光州市政府教育廳、社福主管機關及民間團體代表組成專案委員會，決議撤銷仁和社會福利特殊學校立案許可，限時勒令關閉。

■二〇一一年十月二十八日，國會以二〇七票贊成、一票棄權的壓倒性票數，通過《性侵害防治修正案》（又稱《熔爐法》），大幅提高性侵身心障礙或兒童行為人的刑責，廢除原有七年公訴期規定，若行為人在社福或特教機構服務，應加重刑罰。

■二〇一一年十二月十九日，最高法院增設《對身心障礙人士實施性暴力犯罪法》，量刑標準較一般高出兩年。

■二〇一一年十二月二十九日，國會通過《社會福祉事業法修訂案》，規定觸犯《性暴力特別法》和《兒童青少年性保護法》的行為人，十年內不得從事相關業務；若行為人是在社福或特教機構服務期間犯罪，將永遠禁止從事社福事業經營管理，並確保社福機構經營公開透明、納入外部監督力量。

一本小說，一部電影，燒出了民怨，撼動了政界、法界及教育界，扭轉了整個局勢。他們是怎麼做到的？

那年孔枝泳應邀來臺訪問，我透過出版社與她見面，當面問過她這個問題。身為南韓天后級作家的她客氣地說，她寫《熔爐》的目的是希望扭轉民眾對新聞或性侵事件的無感，或許過去大家已經看太多，都變得麻木了，這讓她感到心痛。至於《熔爐》產生的後續效應，她表示超乎自已預期，認為是社會氛圍使然，而不是小說本身的力量，若要分析為何《熔爐》能撼動人心，應該是她寫的是「99％的人如何被1％的人欺負」，是這點引起群眾的憤怒，迫使政府加快改革腳步吧。

我想起在《熔爐》電影的片尾，主角說：「我們之所以戰鬥，並不是為了改變世界，而是不讓世界改變我們。」

在臺灣的我們，做得到嗎？

3

因為受害又無法言語、所有哀愁與痛苦不知向誰訴說的，不只是臺灣及韓國的聽障生，美國緬因州及夏威夷州聽障學校也發生過類似事件。

一九六〇及七〇年代，美國緬因州的巴克斯特啟聰學校（Governor Baxter School for the Deaf）校長凱利（Robert Kelly）及學務主任等教職員多次性侵學生，家長察覺情況有異，校方以「跟同學玩太過火了」、「小孩為引起大人注意故意說謊」為由搪塞。凱利在特教界頗富眾望，沒有人相信這所以「愛心為名」的學校會發生這種醜事。一九七六年，三名老師向州政府舉發此事，教育局裝聾作啞，放任不管，直到一九八二年州首席檢查官親自調查，才讓真相大白。那時狼師早已離職，提告期限已過，沒有任何人被起訴，且有受害學生有樣學樣，性侵其他同學。

很多人說，時間會撫平一切的傷口，這對四十年前從巴克斯特啟聰學校畢業的李維（James Levier）而言，卻是天底下最大的謊言。童年的受害經驗，正義的無法伸張，讓他與這件事牢牢織成任誰也解不開的死結，他知道，除非有所行動，否則他終其一生將是痛苦的囚犯。二〇〇一年，李維扛著一把獵槍，在超市前來回踱步了一個多小時，試圖引起社會對這件塵封往事的關注，警方既不找手語翻譯，也不嘗試與他溝通，就在他準備放下槍械之際，率然將他擊斃。

還好，李維沒有白白犧牲，他的死促使民間組成「巴克斯特賠償局」（Baxter Compensation Authority），負責協助受害者處理賠償事宜，只要曾經受害的學生都可以申請賠償。賠償局要求州政府必須負擔受害者終生心理諮商費用，以及因參加諮商而必須支付的兒童安親費用，並要求教職員進行兒童安全教育訓練，確認學生能以視訊電話對外聯絡或求救，不會被隔離在校內求助無門。緬因州政府也決定修改相關法令，從此性侵兒童沒有訴訟時效的問題。[2]

仁和社會福利特殊學校及巴克斯特啟聰學校的情況，很符合孔枝泳說的「99％的人如何被1％的人欺負」，因為加害老師與受害學生的權力關係太不對等了，就算是意圖掩蓋事實的官員或老師，也很難用「特教生就是這樣」來自圓其說。然而夏威夷特教學校的性侵事件，卻與臺灣特教學校如出一轍，都是「生對生」的性平事件，他們的經驗又是什麼？

二〇一一年，夏威夷州立聽障暨視障學校（Hawaii School for the Deaf and Blind）驚爆學生集體性霸凌，全校七十位學生之中至少有三十五人受害，年齡從十二到十六歲，事發地點包括浴室、校車及室內游泳池。據悉，這樣的情形已持續十年以上。

受害代表委任律師葛林（Michael Green）批評當局早在二〇〇九年四月、五月及六月便接到檢舉，卻沒有任何作為，教育部門卻反駁他們「早已於學校內部進行調查，並立刻與司法部門合作辦案，而且在進行調查之始，便積極在校園內進行安全控管等各項措施，已確保學生及教職員的安全」。[3]憤怒的家長不滿公部門掩人耳目，提起集體訴訟，除了控告行為人，也控告政府嚴重失職。

珍（化名）是受害學生約翰（化名）的母親。她說，約翰常在學校被「老大」（ring-leaders）威脅，若是不把衣服或遊戲機交出來，就會被揍或被強暴，約翰不得不乖乖就範，若是約翰沒有東西可「貢獻」，便遭到老大的集體凌虐。孩子之間的事，珍也就認了，最讓她無法原諒的，是教育當局及校方早就知情卻默不作聲，事發之後又意圖隱瞞到底，這在她心裡，是永遠無法接受的殘酷。[4]

律師、家長與學生指證歷歷，證據確鑿，教育部門無話可說，只得撤換校長並公開道歉。二〇一三年四月，教育部門與受害家長達成和解，學生可依受害程度不同，獲得兩萬至二十萬美元不等的賠償金，教育部門必須以具體措施加強該校管理，包括訓練校車駕駛及助理員、在校車上加裝攝影機等器材，全校視訊電話全面升級，在校園加裝攝影機及照明設備，建置特殊保全系統，避免學生可任意自門窗進出。

加強硬體措施，猶如亡羊補牢，不過，有總比沒有好，但受害孩子的未來怎麼辦？夏威夷聯邦法院為了搶救孩子，決定不待冗長法律訴訟，逕行指派「獨立心理健康檢查員」(Independent mental health examiner)進入該校進行評估，負責領導這個團隊的，是美國羅切斯特大學聽障中心主任暨精神科教授波拉德（Robert Pollard）。

二〇一三年，波拉德教授應邀至臺灣出事的這所特教學校分享經驗。獨立心理健康檢查員團隊是由具豐富評估及處理性侵受害兒童經驗的學者、臨床社工師、心理學博士及專業手語翻譯組成，其中有兩位是聽障人士，能直接與學生溝通。他們兩度至夏威夷州立聽障暨視障學校現場勘查，與校方、法官、律師及其他關鍵人物會面，瞭解事件原委，評估學生、家庭、社區及相關制度缺失，評估方法包括：

■學生評估方法：由教育部門整理律師及家長意見，選出十六位學生，團隊事前根據個人資料進行瞭解，再進行私人訪談，利用兒童創傷壓力檢核表進行評估。團隊每天最多只評估兩位學生，最後將部分報告提供給本人；

■家庭評估方法：訪談十七位學生及其家人，瞭解學校、社區及國家支援系統與他們的關係，包括他們是否知道這些支援系統、如何取得及協助處理此事；

■制度評估方法：訪談四十位關鍵人士，以「由下而上」的研究方法，從學校層級上推至教育部門層級的處理經驗及模式，檢視並評估校園環境的安全性、政策及程序，性教育或預防性侵等課程執行方式與成效，同時檢視學校官網是否提供足夠資訊；

■社區評估方法：訪談社區聽障組織、性侵防治單位及心理健康組織等機構與相關計畫。該校有半數聽障生的母語不是英語（包括伊洛加洛語、恰克語、馬紹爾語及華語），且家人不住在學校所在地，因此團隊特別訪問當地亞裔與太平洋島民組織，瞭解這些團體如何協助受害者治療心理創傷。

最後，獨立心理健康檢查員團隊根據所有評估結果，提出一百多項具體建議，並擬出四階段計畫進行推廣與預防活動，法院也主動與團隊共同推動計畫，協助受害者在司法上獲得較為有利的判決。[5]

夏威夷聽障學校的故事，和臺灣特教學校沒什麼不同，唯一不同的是，他們的主事者能夠掌握先機，願意全力協助，才沒讓事態惡化下去。反觀臺灣官方總是在事發之後拚命追趕，到頭來還怎麼樣也追不上，況且全面評估需要投注的人力物力十分可觀，期待臺灣官方能複製獨立心理健康檢查員的成功經驗，可能嗎？

「所以，我們才會建議組專業輔導團隊，趕快進駐學校幫忙解決問題，」張萍急切地說：「臺灣有另一所特教學校出事，就是透過這個模式成功的啊！」

張萍口中的「另一所特教學校」曾發生七起生對生性侵案，該縣市教育局特教科找來擁有三十年特教經驗的退休老師郭色嬌等人參與「特教學校評鑑」業務，深入學校瞭解狀況。郭色嬌他們花了三個月完成評鑑指標，在特教科全力支援下，以「評鑑結果必須追蹤訪視」為由，召集了一批退休特教老師、心理師及社工師組成輔導小組，進駐該校協助處理。

郭色嬌認為性平案不應只從法律面解決，而必須從教學面著手，因為「在學校感到無聊，是製造問題的溫床，如果孩子找不到學習的興趣，一定會出事」，她設定自己的主要任務，就是落實特教學校經常忽略的「個別化教學計畫」（Individualized Education Program，IEP）。

ＩＥＰ是特殊教育的重要管理工具，內容包括特教生基本資料（家庭史、成長史）、評量診斷（學業、生活適應及情緒等）、學習方案（長短期目標、學習評量、教學資源、教育策略），必須整合家長、老師及專業者的意見，為學生擬定出適合個人的教學計畫。只可惜很多特教老師寫的是一套，教的是另一套，或是一份ＩＥＰ全班通用，完全違背個別化精神。郭色嬌進入該校後展開一連串改革行動：辦理ＩＥＰ研習會及教學觀摩討論，確立各種類別鑑定模式，辦理教學成果發表，落實追蹤訪視，並親自參加每位學生的ＩＥＰ會議。她的要求既多又嚴格，引起校內不少反彈，但她顧不了那麼多，她無法忍受生命無端浪費消耗在虛應故事的感覺，許多事無法等待未來，她知道自己必須掌握「現在」，做出改變。

漸漸的，郭色嬌團隊「玩真的」的名聲傳開來了，不願配合的老師紛紛離職（該校在三年內，共有二十一名老師主動申請退休），也有老師選擇留下來與輔導小組共同打拚。「我知道有某些老師目睹性侵，卻把頭別過去，假裝沒看到，也有老師激動握住我的手說，阿嬌老師，謝謝你，孩子有希望了……」

除了緊盯老師教學及ＩＥＰ，輔導小組也針對高風險學生成立「危機二十四小時服務方案」，由老師輪流排班，提供全天候輔導服務，對於有自殘傾向的學生，事前擬定危機處理流程，並外聘心理師及社工師進行個案輔導。數字會說話，一年下來，孩子的情緒穩定了，性平事件數量降下來了，第三年，該校性平案件是零通報。

行政機關的支援是事件落幕的主因，但若是沒有老師願意配合，春風依舊可望不可及。就拿郭色嬌來說，第一年她自願當志工，沒拿一毛錢，直到第二年才改領代課老師薪水，沒有人要她這麼做，是她自己願意的。整頓學校當然很辛苦、很挫折，但她從來沒有放棄，她說：「我覺得無論事情有多嚴重，也不可能整間學校都沒有心存善念的老師，只要找到那股善的力量，就能翻轉整個情勢……我常說『不信春風喚不回』，只要相信用對方法，事情就會有轉機！」[6]

對她來說，回憶不總是灰黯的，總是有些片段，閃閃發光。

1「監察院一〇二年婦女人權保障實務研討會」會議手冊，頁七，二〇一三年六月。

2 受害者沃伍德（Rick Wormwood）曾出版“Why I hate Macworth Island: Dark History of Macwoth Island”，描述當年受害情況。以下網址可看到部分內容：http://www.portlandphoenix.com/features/top/ts_multi/documents/03885662.asp。

3 “$5.75 Million Settlement Awarded to Deaf and Blind Students Sexually Assaulted by Gang at Hawaii Public School”, Malia Zimmerman, *Hawaii Reporter*，二〇一三年二月二十四日。

4 同前注。

5「二〇一三聽覺障礙教育暨校園性平輔導工作坊」大會手冊，二〇一三年一月二十一日至二十二日。

6 郭色嬌的說法，引自她在「聞聲救苦從何做起？從南部特教學校性侵案開始」研討會的發言。二〇一三年五月四日。

二、大衛與歌利亞

1

公視《有話好說》節目以特教學校事件為題，邀請各界人士討論。主持人不斷拋出同樣疑問：為什麼聽障學校老師不會手語？如果他們會手語的話，是否就不會發生憾事？

臺灣設立聽障學校已有百餘年歷史，聽障學校老師毋須嫻熟手語，則是這一、二十年的事。特教老師的師資培育或資格審定，只分為「資優類」及「身心障礙類」兩類，身心障礙類則可細分為智能、視覺、聽覺、語言、肢體等，只要主修一至兩個障別，就可參加甄試並取得教師證。

問題來了。不同障別學生的性質與需求差異那麼大，教師證卻不分障別，造成主修智障、對點字一竅不通的老師進入視障學校教書，或是主修視障、不會手語的老師負責指導聽障生的現象。如果老師不願額外花力氣學習相關專業能力，別說教學了，就連日常與學生溝通都有困難。

為什麼教育部容許這種怪事存在？臺中教育大學特教系洪榮照教授在分析臺灣社會變遷與特教師資培育的文章中是這麼說的：

近年來增設許多特殊教育班，但供需失衡仍然嚴重，各地方政府為提早因應少子化帶來減班的壓力，新聘特教師資的需求趨緩，從每年的教師甄試，粥少僧多的情況下，可瞭解特教師資培育過剩的情況也相當嚴重。特教師資培育的主要來源為臺灣的三所師大以及改制前的九所師院，在二十年來相繼成立特殊教育學系，培育特教師資，近來因培育師資過剩，教師缺額不足，但師範院校特教系雖有減班現象，但迄今未有停招之學校，加上一般大學、私校等也在培育特教師資，導致供需嚴重失衡。[1]

洪教授說得委婉客氣，說穿了就是：特教市場供需嚴重失衡，教育部想不出對策，又不敢砸了老師飯碗，索性來個統統有獎，不管主修什麼，只要領有教師證，什麼障別統統可教。這種做法保障人人有工作，個個有飯吃，一旦趕鴨子上架進入教學現場，師生互動出現問題，教學成效也會受限，雙方容易累積負面情緒。於是老師很挫折，學生很痛苦，彼此像兩座佇立在汪洋的孤島，明明近在咫尺，卻有如海角天涯。

老師手語不夠好，無法與孩子溝通，當然是特教界必須正視的現象。然而外界始終把「手語不好」視為該校性平事件的核心，反而阻礙了發現問題的癥結。

手語從來不是與聽障生溝通的唯一方式。有些孩子仍有殘餘的聽力，可以教他們口語，完全喪失聽力的，可以用圖卡、筆談、教他們讀唇語、或是用通用手勢，只要雙方能夠互相理解，就算不會手語，也能瞭解對方想表達的訊息。該校老師一再表示，他們有上性平教育，而且都是用手語上的，學生聽不懂，他們也沒辦法。但好幾個孩子都告訴過我，他們對黃俐雅擔綱的那堂性平教育講座印象深刻，而且從中學到很多知識。咦，黃俐雅又不會手語（現場有手語翻譯），為什麼他們就「聽」懂了呢？

如果手語不是師生溝通的最大障礙，那麼，問題出在哪裡？

2

過去撰寫《被遺忘的一九七九——臺灣油症事件三十年》[2]時，我一直想不通，為什麼高達兩千人受害、堪稱臺灣有史以來最嚴重的食品公害事件，竟然消聲匿跡了三十年，無人聞問，就連受害者都覺得自認倒楣算了？隨著訪談與資料的累積，我慢慢理出再清晰不過的結論：受害者多半是社會的、經濟的弱勢者，沒有人在意他們死活。

這起特教學校事件也是如此。每次想來我總忍不住喟嘆，怎麼可能？為什麼會發生這種事？為什麼除了人本基金會以外，好像沒有人關心，甚至醜化人本「消費聽障生」？直到看到某電視臺把「建中、北一女家長反對十二年國教讓明星高中光環褪色」的新聞連續炒了幾天，我突然想起凱林媽媽說：「這樣的孩子沒有別人會疼愛，只有我們自己來疼愛……如果連我們都放棄了，就一點希望都沒有了！」

是啊，貧窮的、障礙的孩子總是沒有人疼愛。如果臺北市某明星學校發生「生對生」性侵案，不要多，只要三件就好，那些中產階級家長吞忍得下去嗎？學校敢拖著不處理嗎？教育當局敢裝聾作啞嗎？社會輿論會默不作聲嗎？當然不可能。一旦受害的是南部聽障生，人人噤聲不語，避重就輕。老師說，這些小孩就是這樣啊，學校說，他們只是在玩而已，中辦說，該罰的人都罰了，還能怎麼樣？如此雙重標準，除了歧視，我想不出其他原因。

制度性的、結構性的問題，還有修正的可能。若是涉及觀念的、文化的變革，恐怕就難了。

這件事接觸愈久，瞭解愈多，愈容易陷入無解的情緒。沒想到，有人比我還悲觀，那就是輔大法律系教授吳志光。

第一次見到吳志光，是在人本舉辦的「聞聲救苦從何做起」研討會。他長期擔任教育部性平委員會委員，負責特教學校行政調查小組工作，對教育體系的醬缸文化，官員心態的疏忽怠惰，有很深的體會與感慨。研討會那日，他在發言過程中總是不斷嘆氣，我約略估算過，二十分鐘的發言，至少嘆了七、八次氣，最後丟下一句「保證其他學校還有未爆彈」時，那種言之鑿鑿的口吻，聽得我全身起雞皮疙瘩。

我約他出來聊聊，才瞭解他那麼多的嘆息從何而來。

他說，從事發之初觀察到現在，他逐漸認清這不是一起個案，很多問題也不如表面那麼簡單。

「一開始，我也以為學校應該是可以改善的，雖然不能立竿見影，但還是可以做點什麼吧。可是久而久之，我覺得問題沒有那麼單純，那是整個文化、整個結構的問題，不是機器什麼零件壞了，只要換一個零件就解決了。」

他說，要求現有師資將性教育轉化為聽障生理解的知識，簡直是不可能的任務。根據他的瞭解，多數老師是在分發之後才學手語，無法期待師生溝通無礙，再加上文法手語及自然手語的差異，要求只會文法手語的老師瞭解學生，進入他們的世界，無異是緣木求魚。「比方說『我愛他，就可以跟他上床嗎？』『性與愛有什麼差別？』這些老師平常連用講的都不見得能講清楚的概念，怎麼用手語教？怎麼用筆談？我們期待老師既要有專業，又要會手語，還要有足夠的教學經驗，現在要去哪裡找這種老師？」他語氣激動地說。

吳志光認為，臺灣固然不乏心理輔導專業人才，但要將專業知識傳達給聽障生，仍得透過手語翻譯傳遞，就算把專業人才的手語能力訓練到一定程度，再將性知識轉化為聽障生理解的內容，這其中有太多、太多的關卡需要突破了。

「很多老師都說，你們不必再辦什麼性教育工作坊了，沒有用，要讓小孩懂，必須演給他們看，你們不用告訴我怎麼教，請你們演給我看，我才能現買現賣。」吳志光認為第一線老師的心聲很值得重視，這也意謂著目前使用的性教育素材，對特教生來說並不適用。問題是，教育部願意為特教生付出多少心力？

「我一直很難想像、也很難期待『特殊教育』會成為教改運動的一環。教改弄了多久？二十年了吧，請問教改agenda曾幾何時有過特教議題？沒有嘛！教改議題始終是菁英主義的，是中產階級的。你想想看，我們為十二年國教花了多少時間，投注了多少資源？我們的社會願不願意用這個資源的三分之一來做特教？對照多數特教生家庭既沒有權勢，也沒有地位，講難聽一點，這裡面當然有階級的問題！」

至於人本「專業團隊進駐」的建議，吳志光也並不樂觀。他以清代姚啟聖發餉的故事，說明自己樂觀不起來的原因。

姚啟聖是清康熙年間的福建總督，他為收復臺灣招降鄭氏官兵，多次自掏腰包給俸發餉，安置投誠過來的官兵。直到他意外發現，明明是一人發五十兩，怎麼到了官兵手上只剩五兩？這裡頭暗藏的玄機，也就不言可喻了。姚啟聖是清官，既不愛錢更不貪汙，可是眼見手下從中揩油，是捉，還是不捉？最後，他決定睜一隻眼，閉一隻眼，算了，收復臺灣是何等大事，他需要人手，自己一個人，他辦不到。

「所以，我覺得專業團隊進駐的問題，也沒那麼容易。我們假設可以找到幾個有理念、也有理想的專家進去好了，請問他們要找誰一起做事？我為什麼一直講姚啟聖的感慨？因為姚啟聖沒有能耐親自發餉，只能透過那些他也知道很糟、很差的人嘛，如果把他們全部換掉，就什麼人都沒了嘛！專家不可能事必躬親，必須利用既有師資。可是這又牽涉到結構性的問題了，找既有系統的輔導老師，請問他們跟原來學校老師的差別在哪裡？可能比較不會推諉，不會隱匿不報，這也只是亡羊補牢，沒有辦法讓學校脫胎換骨嘛！你可以罵學校這些老師很爛，不知道檢討，可是罵完以後，又怎麼樣？還是解決不了問題！」這時，他的招牌嘆氣聲又出現了。

「學校確實是有些老師可以貼上『可惡』的標籤，畢竟他們是主事者，要負很大責任。可是……我這樣說好了，阿扁貪汙令人髮指，馬英九無能令人痛恨，這兩者還是有差別的，你懂我的意思嗎？這些老師不是說可惡到是幫凶、劊子手，他們只是無能而已啊！今天學校真正的問題在於教育如何滴水穿石，而不是只是『止血』而已……這就好像大家整天罵馬英九，不過你以為換掉『軟腳馬』以後，臺灣就會比較好嗎？這就是今天我在這所特教學校看到的情況，就算把所有老師換掉也沒用，因為我們找不到足以取代他們的人！」

這些分析很理性、很客觀，很有層次，也很有道理，只是如此清醒的說法，真教人難以下嚥。

或許是察覺到我神色有異，吳志光一改趕火車般急迫的說話速度，又嘆了口氣，說：「我大概有點像馬克思，比較像社會病理家，充滿理想主義的話，我也講得出來，不過基於經驗法則，如果要談整個制度建構、教改什麼的，我發現，理想啊，唉，好像很難實現，好像只是空中樓閣，講一講自己也會洩氣。在我看來，這所學校的問題不只是教育改革，它需要的是一次教育革命！」

教育體制崩壞，老師既渴望救贖、又害怕改變的矛盾情緒，在整起事件中一覽無疑。或許這些老師既不刻薄，更不殘忍，他們在面臨危機、處境艱困時，只是不知所措，於是出於本能地攻擊別人，撇清責任，做出很多差勁的事來。他們只是恐懼而已。

這是場太艱難的戰役，面對的不只是生鏽斑駁的體制，各方害怕改變的阻力，最大的敵人，或許就是我們自己。

我大概被吳志光傳染了，也很想長長嘆口氣。

3

每次見到張萍，我都能感受強烈的焦急與憤怒。她與人本同仁持續不斷呼籲及抗議，一直無法喚起外界的關注與援助，難免導致巨大的無力感。

如果臺灣是個沒有是非、沒有熱情的社會，當然讓人疲憊失望。可是我們不是有紅衫軍、白衫軍，以及願意為蘇建和、洪仲丘、張藥房走上街頭的熱血人士嗎？為什麼這群聽障孩子的苦，大家好像都聽不到，也看不到？

如今再追問「為什麼」、「怎麼會」，已經沒有太大意義了。重要的是，怎麼辦？

直到我讀到學者李丁讚的〈公共論述、社會學習與基進民主：對「食物中毒」現象的一些觀察〉，彷彿找到了部分可能的解答。

李丁讚在該論文中指出，臺灣社會有種「重複」的特殊現象，也就是同樣錯誤或悲劇一再重演。每次事件發生，社會輿論都會發表諸多看法及解決之道，然而呼籲歸呼籲，處罰歸處罰，官員丟官或是遭到彈劾，中毒事件還是繼續發生。為什麼？這牽涉到臺灣公共論述面臨的幾個問題，包括：

一、當事人的缺席：參與事件論述的有官員、媒體、民代及民間團體，但真正的當事人，包括廚師、跑堂、餐廳經理、市場小販及消費大眾沒有被邀請發言，也沒有自行討論。在當事人缺席的情況下，「餐飲衛生」論述只是理論，與實踐及行動無關，且論述重點偏重法律與管理，忽略規範與自律層面。

二、只有原則，而無細節：論述內容充斥原則與理念，極少觸及施行程序及技術等細節。當官員要求「全面加強檢查」時，如果餐飲業者自覺很衛生，對作業程序中有不合標準之處也一無所知，這樣的「加強檢查」沒有太大意義。

三、論述的單階性和單向性：每個人只站在自己位置發言，既不參照其他說法，也不與其他發言交互溝通，說完了就沒了。這些論述比較像「獨白」，缺乏面對面的、聚集性的溝通。

簡言之，李丁讚認為社會沒有能力從經驗中學習的關鍵，在於當事人的缺席，導致論述只停留在概念層次，無法進入細節或情感連帶，也就無法轉化成當事人實踐和行動的力量。

讀到這裡，我已經快拍案叫好了，簡直就跟特教學校事件的情況如出一轍！待我讀到文章描述地方衛生單位至各地進行食品安全教育的段落，發現只要把「衛生單位」改成「教育單位」，把「廚師」改成「老師」，便可發現兩者雷同之處：

各地方的衛生單位倒是經常做食物安全衛生教育……承辦人員對整個講習會的安排也相當用心……為什麼這些衛生教育的效果仍然有限呢？我認為原因有兩個，第一個……就是衛生教育中缺少社會性，或雙向性，大部分仍然是延請專家講課，或是透過圖片的靜態展出，這種教育方式由於缺乏第一線作業人員的主動、積極參與，交互性的社會溝通並不存在，知識很難為當事人「瞭解」，更不要說應用了。第二個原因也許更重要，就是整個衛生教育中缺少情感性的論述基礎。換句話說，衛生教育被視為行政官僚程序中的一環，它並不是配合社會的危機事件，或配合媒體的一階論述，因此，講習會的進行當中，並不存在著情感基礎。參與講習的廚師，多是在官方的規定或要求下來參加的，心態上自然帶有應付性質，當然沒有豐富的感情內涵，更不要說倫理關懷了……因此，講習會獲致的知識，頂多只停留在認知層次，很難化為行動，因為倫理性和情感性不存在的話，廚師們就很難賦予這些講習會所得到的知識任何主觀意義，也因此，回到自己的廚房之後，就把這些知識放一邊了。[3]

最後，李丁讚語重心長地指出，社會現象的變革，不能、也不應寄託在官方或菁英，也不是透過強加的教化性工作。至於如何引發第一線人員的熱情加入，他建議以基進民主的機制讓當事人真正參與：

> 規則（細節）必須由當事人親自參與論述後制定，為這些當事人所同意或是他們的共識。這種情況下的規則，才具有神聖性，也才可能被轉化成主動性的實踐和行動。所謂情感性，係指社會論述必須有豐富的情感為基礎，是在社會具體的危機衝突事件下進行，才能真正引發參與者倫理關懷，也才能主動賦予一個論述以及其所生產之規則豐富的個人意義……社會學習才變成可能。[4]

套用李丁讚的研究模型來分析特教學校事件，答案似乎是呼之欲出。

過去幾年，教育部及校方不斷強調加強管理的決心，企圖以懲罰來嚇阻性平案繼續發生，著重的仍是「管制」與「處罰」，至於改善方案也只是原則或理念，沒有進入應用的層次，這對必須實際處理事件的老師來說，沒有太大用處。除非教育當局的訓練及要求能納入老師需求，瞭解他們實務層面的困難，才有可能讓原則或理念轉化成實踐的行動。[5]

說來說去，只怪臺灣教育體制已經怠惰太久了，沒有從重複的不幸中累積經驗，發展出新的處理模式。一旦發生性平案只是被動接受事實，也不曾讓它轉化成經驗，難怪老師很難從中有所學習，也不認為自己有責任。

不只是公部門這樣，媒體與社會輿論又何嘗不是如此？不論是要求教育部嚴格監督也好，或制定更嚴厲的罰則也罷，只會繞著法令及管制層面打轉，鮮少提出「是教育問題，不是法律問題」的主張，企圖將問題拉回教育層面解決。只可惜人們只要看到有人道歉，有人下臺，就覺得是功德圓滿，所有檔案可束之高閣。

或許，該校很難在短時間變得完美無缺，畢竟，七年之病難求三年之艾。但若是給他們五年、十年、或二十年的時間，努力將特教體系師資養成過程、專業能力培養等缺失逐一檢視並修正，仍無改變的可能嗎？我們不期待整間學校脫胎換骨，但，至少總是個新的起點與新的可能，不是嗎？

追根究柢，讓我們感到失望及悲觀的，不是法律或體制，而是人性，因為人性的自私與怠惰，轉向平常看不到的黑暗。有人私下討論起來振振有詞，義憤填膺，真要談起解決方法或具體行動，全都沉默如剪舌，只剩自憐自艾的哀聲嘆氣：「唉，制度這樣，政策如此，我一個人做不了什麼，也無能為力。」

就算制度是這樣，政策是如此，學校發生如此嚴重的事件，官員及老師絕對逃脫不了責任，因為任何制度或政策，若是沒有他們的支持與認同，不可能有效貫徹及執行。他們選擇沉默，就是默許這些不當的決策與做法。

但我總是想，只要有人，也許一個人，或許兩個人，拒絕接受既有的、習以為常的想法與做法，會產生什麼樣的結果？前車之鑑太多，沒人會天真到以為美德與勇氣可以創造奇蹟。但我們祈求的不是奇蹟，而是改變，別忘了蝴蝶效應，巴西的蝴蝶輕拍翅，美國德州龍捲風就在形成之中。這樣的期待，有沒有實現的一天？

那日收到D老師來信，他在學校的處境依舊四面楚歌，甚至有變本加厲的態勢。他說，每當挫折沮喪的時候，他就會聽〈繼續——給十五歲的自己〉這首歌鼓勵自己：

繼續走下去　繼續往前進
路旁有花　心中有歌　天上有星
我們要去的那裡　一定有最美麗的風景
都不要放棄　都別說灰心

不要辜負心裡那個乾淨的自己
痛到想哭的時候　就讓淚水洗掉委屈
我們要相信自己　永遠都相信
來到這個世界不是沒有意義
我們做過的事情　都會留在人心裡
會被回憶而珍惜
有一天　我將會老去　希望你會覺得滿意
我沒有　對不起那個十五歲的自己

信的末了，他豪氣萬千地說：「我沒有權利悲觀……而且這場仗，我一定不會輸！」

大衛手無寸鐵，只有一只彈弓及小小的石塊，怎麼看都沒有勝算，還是擊敗了巨人歌利亞，原因不在他拉弓的技術有多高明，而在於他的無畏與莽撞，他的浪漫與樂觀。

D老師的信，讓我有點樂觀了起來，或許他與張萍這群人一時無法改變什麼，但他們的努力勢必將影響下一代，讓未來有更多不怕死的大衛，義無反顧地拿起彈弓，瞄準堅不可摧的體制，奮力一擲。

1〈我國特殊教育師資培育之探討〉，洪榮照，《特殊教育現在與未來》，國立臺中教育大學，二〇一一，頁七五。

2本書描述一九七九年發生在臺灣中部的油症（多氯聯苯）中毒事件始末，詳見《被遺忘的一九七九——臺灣油症事件三十年》，陳昭如，同喜文化，二〇一〇。

3〈公共論述、社會學習與基進民主：對「食物中毒」現象的一些觀察〉，李丁讚，《民主．轉型？臺灣現象？》，桂冠出版社，一九九八，頁二六五至頁二六六。

4同注3，頁二六九。

5「老師」與「廚師」的角色是否可相提並論？自然不無疑問，畢竟老師是公務員，廚師不是，兩者在權利及義務上有極大差異。筆者只是嘗試提出解決困局的思考方向，期盼各界有進一步的討論與分析。

尾聲

我一直忘不了《熔爐》電影裡有一幕畫面：揭發校方隱瞞惡行的姜仁浩老師站在鎮暴警察前，不斷高聲叫著：「這個孩子聽不到，也沒辦法說話……」他的聲音一次又一次被警察的高壓水柱給打斷，聽起來是那麼地虛弱無力，他依舊不停大喊：「這個孩子聽不到，也沒辦法說話……」

他們真的聽不到、也沒辦法說嗎？如果「聽不到」與「說不出」僅限於感官障礙的話，或許是吧。但我總覺得，語言不是絕對優勢的溝通工具，聽障者的感官敏感而貪婪，周遭環境的線條、顏色與氣味，旁人的神情手勢及語調，他們從不放過。他們極為細心而敏感，善於察覺環境與人們態度的變化，他們一切都瞭然於心，只是選擇默不作聲。

如果是天生失語，也就算了，這些孩子的沉默，卻是無奈、被迫的。過去的經驗讓他們深知該如何自保，如果說出來了，只會被罰而已。他們不是無法發聲，或是聽不見世界的嘈雜，而是被外界硬生生地貼上「沉默者」的標籤，要求他們不要出聲。

原來，沉默會讓人如此恐懼。

我一度懷疑，要他們打破沉默，把一切說出來，妥當嗎？把最私密的傷痛公諸於世，會不會對他們造成傷害？繼而想想，或許讓他們聽見自己的聲音，自己的憤怒，是面對極致恐懼的自我救贖，這可能是讓他們好過一點、有一點著力感的方式。

如今他們說出來了，用著並不平靜的口吻，卻是盡可能地說出來了，這樣的勇氣，著實讓我折服。相形之下，有耳能聽、有口能言的人猶如語言的囚徒，既不願聽，也不敢說。當然，每個人都有各自的難言之隱，內心恐懼和自我懷疑，想要伸張正義？一吐怨氣？上網罵罵政客就好，反正臉書、推特及微博裡，充斥著這類義憤填膺的聲音，不是嗎？

孩子相信老師、相信大人，是天經地義的事。如果那樣的信任出現汙點呢？如果老師拒絕、背叛了孩子呢？如果沒有人認錯，也沒有人請求原諒，那麼揭露真相的意義是什麼？孩子的眼淚沒有完全乾涸，掙扎著想要康復，卻因說真話而遭到孤立與隔離，生活在一個沒有希望、沒有明天、沒有未來的日子中，這樣的痛苦，如果沒有人代替他們說出來，外界是很難體會的。

這件事幾乎摧毀了我對人性的看法，後來，是珊珊改變了我。

那日她傳簡訊向我「預告」有大事發生，問她是什麼事，她賣關子似地說，到時候你就知道啦。見面時，她神祕兮兮拿出手機，秀出一則簡訊：「對不起，是我勉強你，請原諒我」，署名〇〇〇，一名欺負過她的少年。

「他跟你道歉？」我驚訝極了。對方在接受調查時一再否認強迫珊珊，這讓她感到憤怒。

「嗯，」珊珊點頭，像是在思索貼切的字眼：「所以，我決定原諒他，因為，日子還是要過下去。」她說得清清楚楚，不用筆談，也不必翻譯。

珊珊口中的「原諒」，是不是個適切的字眼？我並不確定，至少，她帶著悲傷與痛苦換來的智慧，決定接納過去的一切，她原諒對方是為了自己，讓自己自由。平時我鮮少詞窮，那一刻，我完全說不出話來。

但，這不是故事的結尾。二〇一三年八月十六日，公務員懲戒委員會的懲戒結果出爐，十六位被監察院彈劾的公務員名單之中，有六人得以全身而退，其餘十人降一級改敘或記小過，沒有人被撤職。二〇一三年十月人本召開記者會，指出該校仍無法有效杜絕性平案，[1]抨擊教育部無異是放任學校空轉，教育部表示「學校已穩定進步」，該校則以「大家都希望朝未來走下去，期待社會給學校老師一個機會」。[2]

真相不明、又無疾而終的案子很像輻射外洩，前面問題沒有處理好，後面麻煩肯定不斷，甚至可能毒害未來。官員及老師自我辯護，拒絕認錯，讓外界以為是人本炒作，媒體誇大，這對參與了八場記者會，一場研討會，協助數十個家庭，陪著孩子奔走於上百場偵查庭與調查庭的張萍來說，真是情何以堪。

「學校或教育部的人每次都問我，你們到底要什麼？如果要我們道歉，我們可以再去道歉啊！」張萍憤怒說道：「我真不明白，他們怎麼可以一邊道歉，一邊否認自己有疏失？我們不要不知所以然的道歉，沒有真正負起責任的道歉，根本就沒有意義！」

「道歉」的重點從不在於次數多寡，而在於它必須發揮力量，那就是道歉者願意徹底劃清是非對錯，為彌補展開一條寬闊的路。如果主其事者願意正視問題，誠心認錯與溝通，就能打破所有的衝突與紛爭，讓受害者的夢魘結束；唯有如此，才能讓受害者的傷痕得以撫平，讓加害者扭曲的人性得以復原，正如家長一再強調的：「我們不是不願意原諒，我們要的，只是誠心誠意的道歉！」

原諒不是對不公不義視而不見，唯有是非曲直弄清楚了，才有可能原諒。這起事件單靠少數人的努力，是不可能解決的，唯有累積足夠的社會關注與壓力，才有可能改變。所以，我們不能再保持沉默，再睜一隻眼閉一隻眼，我們要教育當局承認，聽障孩子也有作為人的尊嚴；讓他們看見，聽障孩子也有幸福的權利；讓他們知道，聽障孩子也不能沒有夢想、希望和未來。

讓這些滿是舊傷口的孩子懷抱著新希望，活下去。

1 根據教育部的說法，十三件案子中有十件都是性騷擾，另外三件則非性平案。但根據張萍持續與某行為人連繫的結果，得知他在二〇一三年仍在校外犯下性侵案，教育部不是被矇在鼓裡，就是刻意隱瞞。

2 〈懲處全落空 南啟聰遭彈劾竟功過相抵〉，林朝億，新頭殼網路新聞，二〇一三年十月九日。

我心有所愛，不忍讓世界頹敗[1]

——二〇二三新版後記

距離二〇一四年這本小書首次面世，已經是八年前的事了。

那時決定書寫特教學校事件的心情，只能用「憨膽」來形容吧。處理的是難以啟齒的性侵事件，又是發生在相對保守的教育體系，吃力不討好，處處是地雷，令人精疲力盡。我知道，如果寫出來了，勢必會得罪不少人，如果不寫出來，會讓孩子繼續承擔受害的風險，到底該如何取捨？是難解的矛盾，也是價值的抉擇。

如果我假裝聽不懂孩子說什麼，把他們的自白當成隨便說說，對發生在他們身上的事無動於衷，一切就結束了。可是我做不到。面對無法言說的孩子，願意將內心的煎熬向素昧平生的我娓娓道出，期待透過自己的現身說法扼止傷害繼續發生，就算我心裡仍有恐懼不安，把這些事書寫下來，已成為我無可逃避的責任。

「我心有所愛，不忍讓世界頹敗」，因為不甘、也不忍，所以我記錄。

不過，調查採訪報導是一回事，應付各界質疑則是另一回事。這些年來，我參與過超過一百場相關講座，聽眾最常提出的問題是：「臺灣怎麼會發生這種事？是不是你被誤導了？」「整件事有太多不合理的地方了，怎麼可能？」

面對這樣的疑問，我不知該如何回答，更不知該從何說起。

著手調查採訪之初，各方人馬眾說紛云，不同的聲音代表不同的信念，各自十分篤定，必須在如霧般籠罩的現實中，不斷探測與尋找方向。若不是掌握了第一手訊息，諸多鮮為人知的情況逐一浮現，我也很難想像如此殘忍的事會發生在二十一世紀的臺灣。《沉默》出版之後，各種猜測與指控紛沓而至，「聽說情況沒你寫的那麼嚴重」「聽教育界的朋友說，事情根本不是這樣」「聽說是家長想跟學校要錢，才故意把事情鬧大」「聽說是人本跟家長收錢，保證可以打贏官司，他們才會指控學校」……有如瞎子摸象般的流言蜚語，我已經聽過太多、太多了。任何書寫都無法代言真相，我自忖已盡力做了能做的調查，[2]填補一般未必知悉的空缺，況且教育部調查報告及監察院彈劾文與糾正文更是鐵證如山，[3]後者只要上監察院官網就看得到，為何人們仍舊懷疑案件的真實性？

有讀者私下透露，人本基金會頗為兩極的評價，是他們對《沉默》存疑的主因。起初我以為這只是少數意見，直到某校老師找我去演講，事前殷殷提醒：「談你寫書的經驗就好，不要提到人本。」某校學生充滿歉意地說，他被老師告知此案是人本造謠，要求取消我的講座，我才驚覺原來把我貼上「人本同路人」的標籤充滿多麼深的惡意。有朋友善意提醒我，不要「拿人手短」被人本利用了，殊不知《沉默》並非人本基金會委託之作，[4]更不曾支付我任何酬勞，把我當成誤闖叢林的小白兔，好傻好天真。

我不明白，該校發生一百多起性平案是公部門認定的事實，足見人本基金會揭露的是實情，既沒有造謠，也沒有說謊，為何人們還是不（願）相信？這讓我想起美國總統柯林頓與陸文斯基傳出緋聞時，他的幕僚魯賓（Robert Rubin）說，他對真相一點興趣都沒有，「就算他們想告訴我，我也不想聽。」為什麼他不想知道？因為一旦知道了，就很難對這些事視若無睹，假裝與自己無關。

事實就是這麼不加粉飾，讓人不忍卒睹，也不敢逼視。這所學校發生的事不合邏輯到了極點，讓人不舒服到想全盤否認，大家寧可矇上眼睛，摀住耳朵，以為只要不看、不聽、不聞、不問，問題就會消失。就像房間裡明明有隻大象，龐大到讓人無法否認，忽視它就在那兒，就是沒人談論，假裝它並不存在。

偏見的形成往往是漫長的，有如去除了地面上的雜草，根仍深植在土壤裡，不曾消失。就我看來，「歧視」是該校案件頻仍的主因：老師有意無意、或隱或顯的歧視，將聽障生錯誤的性觀念與偏差的性行為視為常態，事發之後又不想、也不願承認疏失，把一切歸咎於學生。既然是「學生自己有毛病」，他們也無能為力。[5]

人們總是渴望世界黑白分明，善惡立判。既然發生了性侵案，只要把加害學生捉起來，不就好了嗎？為什麼要追究老師責任？只是人心遠比想像中來得複雜，這起案子是非曖昧、處於灰色地帶的情況極多，誰是好人？誰是壞人？誰有罪？誰無罪？每個人都有不同的解讀與評價。但外界未必知悉的是，大人裝聾作啞，保持沉默對受害孩子的傷害，遠比想像中要來得巨大，那是種對世界信任的全然崩裂。

二〇一三年，澳洲政府組成「皇家調查委員會」（The Royal Commission into Institutional Responses to Child Sexual Abuse），花了五年時間調查全國學校、教會、育幼院等機構處理兒童性侵案的問題。他們營造出保密、友善與支持的環境，藉由私下面談與個案調查，聆聽六千多名受害者的證詞，發現諸多光怪陸離、慘不忍睹的現象（例如：知情師長告訴受害者：「不要胡說八道」、「你要慢慢習慣這種事」，甚至有受害兒童向師長通報之後，反被該師長性侵），並於二〇一七年公布調查報告，[6]指出從一九五〇至二〇〇〇年，澳洲有超過一萬七千名兒童受害，讓外界看見性侵傷害的各種樣貌及影響。這份厚達十七巨冊的調查報告最引起我注意的地方，是許多兒童發現原本信賴的師長視而不見，或分明知情卻不願伸出援手，很容易產生強烈的自我懷疑及嚴重的焦慮、身心解離與創傷症候群，這不只讓他們易於再度受害，影響其接受醫療服務、建立與尋求諮商的機會，也增加了其他人受害的風險。這是臺灣處理校園性平事件時鮮少觸及的面向。

為何機構得知真相卻寧可保持沉默，不願積極處理？這牽涉到成人對兒童權利與認知發展的成見。兒童在成長過程中，經常被教導成「不可以挑戰成人」，若是說出成人不願相信的事，經常不是被當成隨口說說，就是視為挑戰權威。當兒童從成人的反應發現性侵是不能說出口的，或是說了也沒人相信，強大的矛盾、迷惘與不安讓他們再也無法敞開心房。但若是有人願意真誠地傾聽，而且是在溫暖安全、沒有曝光之虞的條件之下，他們是很願意說的，而且是毫無保留地全盤托出。

有學者指責我為了寫作迫使孩子揭露創傷，對他們造成二度傷害，實在是誤會大了。其實是有孩子不願多談，我也從不追問，說或不說，這是他們的權利，外人無權以任何理由（像是「你要勇敢一點，說出來」「說出來，才能救其他人」，難道「不說」就代表「不勇敢」？難道其他孩子被性侵，是他們的責任？）如此要求。我接觸過的孩子大多聰慧而敏感，懂得選擇適當時機與對象傾訴，他們最大的痛苦未必來自性侵本身，而是沒人信任與傾吐的無助，很需要有人理解那樣的感受。至於我能做的，只是陪伴與傾聽，相信他們的感受，接納他們的情緒，如此而已。有些人（特別是沒接觸過受害者的人）以為要求受害者噤聲不語，什麼都別提，才是保護他們的最好方法，我只能揣測這是基於善意而產生的誤解。

澳洲皇家調查報告收錄了不少兒童坦承受害以後，被機構裡的成人指責「不要亂講」的例子，並解釋這種「機構的背叛」（institutional betrayal）源自於視性侵為醜聞或威脅的心態。當機構的存續是主事者首要思考的目標，常以「保護機構名譽」為由包庇加害者，掩蓋罪行，要求兒童原諒加害者，甚至否認受害一事，因為對機構而言，漠視或隱瞞性侵是在進行「危機管理」，任何對機構存在的威脅，就是對自己的威脅。這種保護名譽、以機構利益為優先的考量，不只背叛了兒童的信任，也犧牲了兒童的安全，正如受害者ARY在接受委員會調查時所言：

> 這個校長在霸凌學生，他是個懦夫。他犧牲學生的安全與福祉以維護學校的聲譽。如今我回顧這件事，理解到過去的我與其他同學遭到性侵時，學生的福祉從來不在學校的考量之中。

機構的背叛足以造成各式各樣的扭曲，記憶的扭曲，道德的扭曲，人性的扭曲……說到底，他們心裡根本就沒有孩子。

至於並未涉案、卻保持緘默的那些老師，又是怎麼回事？他們的沉默是毫不知情，或是另有隱情？他們是真心相信學校沒有出事？或是基於保護校譽才沉默不語？我問過負責調查的D老師，他相信多數老師是被矇在鼓裡，卻也坦承自己在發現學生談論性侵時心想：「小孩子懂什麼？只是鬧著玩而已」，未再追究下去。我想，這些老師不是演戲，也不是裝蒜，而是學校發生這麼大規模的性侵，跟他們長久以來內化的孩子的印象有所矛盾，學校又是他們奉獻已久、自我價值所繫之處，面對外界質疑的負面言論，在情感或理智上都難以接受，自然會產生膝反射式的否認心態。心理學家早已指出，人類在面臨恐懼時，內心閘門會自動阻止不安的訊息進入意識，選擇拒絕相信，二次戰後至今仍有德國人打死不信納粹罪行，甚至視大屠殺為漫天大謊，就是最好的例子。我想，這些老師選擇以「逃避」或「否認」來面對外界批評，應該是出自這種自我防衛的機制。

或許這世上沒有真正的惡人，只有內心軟弱的人。

因為瞭解那種夾雜著痛苦、恐懼與羞恥的複雜情緒，我從未公開學校校名與涉案老師姓名。就算我自認顧及了他們顏面，仍有人認為我不在教育界服務，沒有資格指責他們，這種「血統論」式的批評十分常見。也有人替該校老師打抱不平，認為《沉默》嚴重打擊老師士氣，不盡公允，例如在該校擔任志工的凱特在臉書留言：「……其實學校許多人都很努力在做後續的處理，我希望大家可以站在鼓勵改善的態度多一點，輿論有時對認真的人並不公平。」

從凱特來信的字裡行間，我可以感受到他對該校狀況的不忍，這與我在書中的主張並不衝突。我確實對部分視而不見的老師有所批評，並非我認為該校盡是差勁的老師，而是我知道老師也是人，有著身而為人的局限，很難跳脫習以為常的官僚體系，用其他角度看待自己的所作所為（或是不作為），換作是我，在缺乏自覺、不夠警醒的情況之下，可能也會做出同樣的事來。後來我這麼回覆凱特：

> 書寫《沉默》的主要目的，是為了點出臺灣特殊教育系統出了什麼問題，進而引發各界亟思解決之道，全書關切的重點不在個人，而是體制，全書所欲批判的對象不是個別老師之惡，而是結構制度之惡——到底是什麼樣的政策、環境與文化，竟容許部分老師可以疏忽、怠惰到這種地步？既然是制度、而非個人造成的錯誤，那麼個別老師的「邪惡」或「善良」與否，相形之下也就不那麼重要了。
>
> 我從不否定該校老師的付出，然而肯定他們的努力或許重要，卻沒有那麼急迫，即使肯定他們的用心，也無礙於我對該校在師資培訓、性平教育、乃至人事結構等千瘡百孔、盤根錯結的批評，正如同醫師主要只負責診斷病症，不對健康器官多所著墨，是同樣的道理。何況在問題如此複雜且彼此拉扯的情況下，單憑個別老師的認真與善意，是否能讓一所行政效能幾近失靈的學校改頭換面？說真的，我不並樂觀。

如果你看完《沉默》，也相信我沒有扭曲事實，應能瞭解該校之所以演變至此，不全是那幾粒「老鼠屎」的問題，而是整鍋粥根本就沒煮熟，就算沒有老鼠屎，恐怕還是難以下嚥。僅靠個人式的愛與善心並無法改變結構之惡，唯有透過全面的、徹底的、觀念性的改革，才有可能杜絕憾事一再發生。

後來，我再也沒收到凱特的來信，也不確定他是否看到我的回覆。我希望他看到了，也領受到我的誠心與善意。

※　※　※

外界對《沉默》的疑問以及對人本基金會的反感，導致出版社向書店租借場地舉辦發表會被婉拒，原本談好的演講邀約突然喊卡，學生建議學校圖書館購置《沉默》竟遭到否決，理由都是「議題有爭議」。

初聞這樣的事，我把整本書從頭到尾又仔細看了一遍，想找出自己哪裡寫錯了？或是解釋得不清楚？為什麼對方以「爭議」（controversy）為由拒絕？字典上說：「Controversy is a state of prolonged public dispute or debate, usually concerning a matter of conflicting opinion or point of view.」換句話說，社會大眾對某個議題有著相異、甚至彼此衝突的見解，「爭議」才得以存在。按照這個定義，爭論多時的統／獨或藍／綠議題，兩造各有支持理由與立場，一時難以論斷孰是孰非，才稱得上有「爭議」。反觀一所學校在兩年之內發生上百起性平案件，教職人員知情不報，甚至袖手旁觀，其中的是非對錯與責任歸屬已是昭然若揭，有什麼爭議可言？

我想，在祭出「爭議」這個理由背後難以言喻、也無法明說的，是保守心態對「性」的刻意迴避，以及對特教生或隱或顯的歧視吧。部分老師及學者專家篤信「這些小孩就是這樣」、「他們跟我們不一樣」、「你們以為他們被性侵很痛苦，其實不會」，有如把「特教生彼此性侵」視為理所當然。既然特教生「就是這樣」、「跟我們不一樣」，他們之間彼此傷害，我們又能怎麼辦？就睜一隻眼，閉一隻眼吧。

還有不少讀者在看過《沉默》之後問我：「為什麼媒體都沒報導這件事？我從來都沒聽過！」

這點可以從兩方面來談。

首先，媒體從來沒有報導過嗎？當然不是。二〇一一年九月二十一日人本基金會首次揭露案件以來，至少開過十次記者會，媒體均大篇報導，大家以為這是「特教學校」、「特教生」獨有的事件，既然是「他們」的事，不是「我們」的事，就算看到新聞一時感到悲傷或憤怒，待新聞高潮過了，胸中熱火熄了，自然也就淡忘了，反正事不關己。

其次，媒體報導角度偏重驚悚性（校園發生性侵及驚人的案件數）與衝突性（人本及家長的疾聲控訴），讓人無法清楚掌握事件脈絡，也就不易產生深入瞭解的意願。我親眼見過張萍有條不紊地解釋案情，待新聞播出時只剩她痛斥校方的寥寥數語。我向記者表明不願談受害者的感受，想從制度面點出問題，對方二話不說，立刻拿開麥克風，掉頭走人。有媒體號召記者同業製作深度報導，得到的回應是「長官不可能同意」、「事情太複雜了，觀眾不會想看」、「受害人不能曝光，沒有爆點」。唉，媒體想要的，永遠是悲慘的故事與簡單的邏輯。

二〇一四年秋天，熱心讀者imet以《沉默》內容為本，主動架設「不再沉默」網頁[7]，簡述事件原委，意外讓這個冷門議題掀起熱議，促成四萬五千人連署要求國賠求償，迫使教育部不得不礙於輿論壓力，決定對失職公務員提起求償訴訟，但事後遲遲不願公布訴訟進度。最後五六〇萬的國賠金額是不是由全民買單？外界不得而知。我們想盡辦法瞭解該校近況與訴訟結果，始終不得其門而入。

直到二〇二〇年底，事情總算有了一點進展。立委范雲、林宜瑾、張廖萬堅、陳秀寶要求教育部針對該校九大問題進行說明，並於三個月內向教育及文化委員會提出書面報告。二〇二一年三月，教育部終於回覆了，這份書面報告指出該校性平教育及老師手語能力已有所改善，但其他內容盡是資料與數字的堆砌，像是「辦理性平教育相關議題之專題講座，一○一年至一○九年九月，學生部分共計辦理一七二場，共計一三四六八人次參加」、「辦理校園安全宣導，一○一年至一○九年九月共計辦理五十七場次，四八九○人次參加」、「一○○年至一○九年九月初級輔導共計一六六八七人次，次級輔導共計二七六人次，三級輔導共計四○一○人次」，通篇盡是活動次數與參與人次統計，不見質化衡量的指標，讓人無從得知這些做法是否有用。

至於立委提出的幾個關鍵問題，教育部依舊避重就輕，實問虛答，包括：

●為何從二○○三年以後連續九年不做特殊教育校務評鑑？

教育部的說明是：

一、查《特殊教育法》於九十八年修法後始將特殊教育學校校務評鑑列入特殊教育法辦理。

二、本部業於一○一年、一○四年、一○七年對特殊教育學校進行校務評鑑。

●該校國賠的決策過程、評估緣由及檢討為何？

教育部的說明是：

查該校國賠案件共計五案，學校均依法向法院提出代位求償。業由臺灣高等法院臺南分院民事「一〇五年度上國易字第三號」判決時任校長周〇〇教師，時任訓導主任黃〇〇教師及時任訓育組長楊〇〇教師應償還一案一一〇萬元。前開人員均已於一〇五年十一月十四日償還完畢在案。

餘四案於臺灣臺南地方法院民事判決「一〇三年度國字第二十二號」、「一〇五年度國字第六號」、臺灣高等法院臺南分院民事判決「一〇五年度上國易字第二號」及臺灣臺南地方法院新市簡易庭民事判決「一〇六年度新國簡字第一號」判決，該校教職員免予賠償。

由上述可知，教育部終於依法進行特殊學校教育評鑑了，但該校三次評鑑結果是什麼？是甲等、乙等、還是丙等？報告全都略而不提，啟人疑竇。另外，國賠求償的結果亦證實了我的疑慮，那就是除了涉及某案的周姓校長、黃姓訓導主任及楊姓訓育組長必須支付三十至四十萬不等的金額之外，其他四案的失職教職人員一律不用賠錢。至於外界最關心的該校是否仍持續發生性平案？報告則是隻字未提。

這份語焉不詳的報告說了半天，等於沒說，就跟八年前（二〇一三年）特教司針對監察院提問的說法[8]如出一轍。

自從《沉默》出版以來，常有陌生人（且以男性居多）透過各種管道，向我訴說一段又一段讓人屏息、不知所措的受害經驗，那麼多怨恨、悲傷、負疚，彷彿永遠不會離去的夢魘，就算我努力傾聽，能做的仍極其有限，這讓我感到哀傷。近年我已甚少公開談論此案，畢竟每次發言都是理性與感性的爭戰，案情又牽涉到那麼多隱私與信任，我必須控制自己情緒，避免向來樂於偷窺、獵奇的媒體忽略《沉默》揭露案情的意義，只剩下作者憤慨的語言或手勢等浮光掠影，這是我最不願意見到的。

喬治．歐威爾說：「寫一本書，就像生一場大病，是個可怕且耗費精力的長期奮戰，要不是有個無法抵抗的未知魔鬼在驅使，沒有人想做這樣的事。」耗費心力書寫如此沉重的議題，我自有我（廣義）的政治企圖，只要有機會促成有意義的對話，改變一點點令人無力的現狀，我很樂意與不同聲音進行交流。至於毫無誠意、或已有預設立場不想對等溝通的人，我以為毋須浪費時間多費唇舌。但只要有適當機會，我一定會重申我的立場，那就是：《沉默》不是基於任何政治正確而來的書寫，「理解」才是我書寫的唯一心願，唯有更多人理解事件原委，理解涉案孩子及家長處境，理解現行制度下老師的困境，才是對受害者最有力的支持，才是扼止悲劇再度重演的契機。我能做的只是微不足道的書寫，但仍滿心期待有更多人透過這部小書，關心這群口不能言、哀傷無處可訴的孩子，瞭解體制長期對他們的漠視。

附帶說明，臺灣從北到南有其他學校均發生過類似狀況，[9]絕不是「特教學校」「特教生」專屬的現象，只是有的問題仍未顯現，有的顯露程度還不夠引起注意。我不願針對特定學校或老師進行批判，「捉巫婆」並無濟於事，制度性的理解與審視，才是我期待的後續效應。只可惜外界（包括圈內知情人士）在提及此案或拙作時，仍著重於案情的批判，鮮少針對結構性問題進行更細緻的探究，我感到非常遺憾。

教育體制背後代表的是一種權威、文化與價值，而這樣的權威、文化與價值，強烈形塑了教育者如何看待及處理性平事件的角度與態度。「性是不可言說」的文化氛圍，不只掩蓋了受害者向外吶喊的機會，也遮蔽了知情者揭發真相的勇氣。[10]我知道，老師保持沉默未必是滿意現狀，而是擔心出面會被秋後算帳，他們內在的恐懼，我看見了，也可以理解。為了避免不幸再度發生，唯有更多教育者承認自己的不足，才可能跨越認知的局限，虛心側耳聆聽，讓當事人發出聲音，透過公共領域的討論與言說反省，局勢才有逆轉的可能。

打破沉默，揭發事實，是走向改革的第一步。但願未來人們憶及此案是因為記取了教訓，而不是記得彼時眾人的沉默。

1 引自羅智成的詩作〈一九七九〉。

2 二〇一三年初，我數度聯絡校長未果，電話幾經轉接，某位不願透露姓名的「主任」表示會代我轉達採訪意願，卻遲遲沒有回音。我輾轉透過不同管道希望聽聽老師說法，除了D老師之外，其他老師都沒有回應。後來我接觸到幾位他校特教老師，瞭解處理性平案的困境，對我理解特教學校事件有很大助益，可惜他們拒絕我在書中引用他們的說法，連匿名都不肯，所以我隻字未提。二〇一五年六月二十二日，該特教學校趙姓教學組長與出版社（書面）聯繫，要求我「與全校教職員工面對面演講，並謀求對學生、對家長、對老師、對社會之共識，時間為一〇四年七月二日（四）13:00～16:00，地點為本校新化校區綜合大樓會議室」，從來信的語氣與用字，我很難認為這是「演講邀請」，反倒像是「要求備詢」。待出版社進一步詢問演講主題與方向以及活動進行方式，趙組長就沒有聯絡了。

3 我親耳聽過某國立大學教授說：「當時（二〇一二年）是國民黨執政，『他們的』教育部及監察院做的調查報告，當然不能信。」

4 二〇一二年秋天，我透過紀錄片導演蔡崇隆得知此案梗概，在好奇心驅使下主動與人本基金會聯絡，經過一個多月反覆思考才決定撰寫《沉默》，外界謠傳我是「拿錢辦事」並非事實。

5 該校前生輔員張〇翔多次於《沉默》臉書（已停止更新）粉絲頁留言，表示「學生都是自願的」，質疑《沉默》與公部門調查報告的真實性。他說，某些案件都是「創造出來的」，因為「孩子都會挑對自己有利的講」，網友要他提出證據，他以「我一開始就講，不可能有人相信我」作為回覆，事隔數月又將留言全數刪除。張先生亦曾以「張小老頭」之名，在讀者imet建立的「不再沉默」網頁（http://nomoresilence.logdown.com/posts/206480-nomoresilence）多次留言，讀者可自行查閱。

6 https://www.childabuseroyalcommission.gov.au/

7 http://nomoresilence.logdown.com/posts/206480-nomoresilence

8 見本書第五篇第一章「咫尺天涯」。

9 若干學校處理性平事件的粗疏，與這所特教學校幾乎如出一轍。詳參本人另一部作品《沉默的島嶼：校園性侵事件簿》，人本基金會，二〇一八。

10《性侵害犯罪防治法》與《性別平等教育法》有性侵案通報人身分應予以保密的條款，但前者沒有罰則，後者最高僅能開罰十五萬元，且未明文禁止工作單位以調職等手段對付吹哨者，使得教職員面對校園性侵事件時多半選擇沉默。

《沉默》之外
——張萍與陳昭如對談

日期／二〇二一年十二月二十二日
逐字／潘醇
編輯／吳崢鴻

《沉默》之前

陳：你要不要先談一下二〇一一年特教學校事件發生之前，就你的經驗，通常學校是怎麼處理性平事件的？

張：二〇〇九年的時候，我才剛到人本南部辦公室沒多久，就到三所國中跟高中門口拉布條，抗議學校不解聘性侵學生的老師。當時《教師法》規定，老師是否留任或解聘是由學校的教評會處理，教評會成員除了一位家長代表之外，其他全部都是學校教職員。我們還發現，即便性平會依照《性平法》調查這個老師性侵學生屬實，可是送到教評會之後，卻不見得會被解聘。就算教育部或教育局一直退回決議，請學校重新表決，學校再怎麼表決，就是不解聘。我們覺得很誇張，就一所一所學校去拉布條抗議。

有些學校會把人本當成黑臉，利用我們的黑臉去處理學校的問題老師，我覺得那就是很聰明的校長，善用我們這種體制外的力量來解決他們體制內的問題。我們去拉布條的那三所學校，事前我們都有去跟校方溝通，可是都無效，所以才會決定去拉布條。我們除了拉布條，還會發傳單給小孩，一方面是讓他們知道我們為什麼在這裡，一方面也是讓他們瞭解，如果老師或任何人做出越過身體界線的行為，他們可以大聲說「不」。我們會印一些預防性騷擾的文章發給他們，也會簡單寫說我們為什麼在這裡抗議。

我們不可能知道所有的案子，而且拉布條的社會成本太高，畢竟那是一個制度的問題，光靠拉布條是不夠的。所以我們開始推動《教師法》修法，後來規定只要性平會調查屬實，老師有性侵害學生一律解聘，不用再送到教評會去投票，也就是所謂的「狼師條款」。

不過在修法之前，我們已經處理過這所特教學校的案子了。那時候有個男老師利用午休時間，對高職部的女學生猥褻，後來那個女學生還自殘，可是學校只叫老師請假避風頭，連一個過都沒有記。我們覺得非常荒謬，就去找主任、找校長談，可是他們都很消極，很迴避，不想處理。後來我同事跟校長說，如果你們不解聘這個老師，我們就要去校門口拉布條抗議。學校聽了很緊張，馬上就召開教評會，最後解聘了這個老師。這是我們第一次處理這所學校的性平案。

陳：後來學校發生比較嚴重的是生對生的案子，而且發生的次數、頻率跟人數牽扯之廣，完全超出一般的想像，校方始終態度消極，沒有作為，我想這也是人本決定積極介入的主要原因。記得那時人本開了好多次記者會，是因為真的無路可走了，不得不透過訴諸媒體輿論，迫使教育部必須出面處理。

張：對啊，因為我們找了立法委員、找教育部、找學校，開會開了半年，可是都沒有任何進展，小孩還是繼續受害，讓我沒有辦法繼續等下去。史英本來還問我說，為什麼要開記者會？他擔心開了記者會，小孩會被貼標籤，說特教學生就是這樣，會被外界投以異樣的眼光。可是我跟他說，你眼睜睜看著就要開學了，小孩還在受害，我真的沒有辦法再等官僚體系給他們時間，何況給他們時間，他們還不見得會改善。在等待的那半年裡，教育部確實是有組調查小組調查，可是調查報告寫了很多學校疏失，然後報告就束之高閣，什麼也沒做，什麼也沒改變。

寫書的緣起

陳：你們原來想把案子拍成紀錄片，也找過幾位紀錄片導演討論，但是最後沒拍成，對吧？

張：對啊。為了避免當事人曝光，家長不能拍、小孩也不能拍，還要變音，還要打馬賽克，幾乎就統統不能拍了。

陳：我會注意到這件案子，跟這個紀錄片計畫有關。當時人本徵詢過紀錄片導演蔡崇隆的意見，崇隆跟我曾經是《自立早報》的同事，他以為紀錄片拍不成，或許可以出書記錄案情始末，問我有沒有興趣，那應該是二〇一二年的事。那時候我只知道這間學校發生很多性平案，不過光從新聞報導中不太能夠拼湊出事實，整起事件的脈絡不清不楚，也不太明白到底人本在抗議什麼。但既然是崇隆覺得值得記錄的案子，我想應該是很嚴重了，後來我主動寫信給喬蘭，告訴她我有興趣想瞭解一下，然後，就沒下文了。又過了幾個月吧，崇隆問我喬蘭有沒有跟我聯絡？我說沒有耶。後來應該是崇隆跟喬蘭提了這件事，喬蘭回信給我，我們才約了時間見面。

張：我不知道還有隔幾個月這件事耶！她跟你談了什麼？

陳：喬蘭告訴我，學校並不是對外宣稱的那樣毫不知情，而是知情不報，這是我不曾聽聞的說法，讓我非常震驚。喬蘭說，案子主要是你在負責處理，希望我能跟你碰個面。記得第一次跟你碰面，你談著談著就掉淚了，那樣的感情是很自然、毫不偽裝的，我不認為你在騙我，更何況，你也不需要騙我。這讓我開始對整起事件產生很大的疑惑：為什麼外界只是一味批評加害學生，卻沒人追究學校的責任？或者，他們根本不知道學校有責任？

當我意識到這點，心裡既震撼又猶豫，懷疑自己是否有能力處理這麼複雜而龐大的議題，畢竟我沒有接觸過教育議題，更遑論是高度敏感的性侵案了。可是那次見面的時候，我明顯感覺得到你跟喬蘭的信任，幾乎是知無不言，言無不盡，我在感激之餘也承受很大的壓力。寫？還是不寫？這樣的問號始終在心裡徘徊不去。

張：真的喔？

陳：對啊。記得我問你們，難道沒有其他媒體繼續追蹤這件事嗎？那時我心裡是很想打退堂鼓了。你們很肯定地跟我說，沒有。我心想，這下子完了，逃不掉了。

張：這案子我們大概起碼開了一、二十次記者會吧，從頭到尾開了好多次喔。

陳：可是見諸媒體的永遠只有記者會新聞，沒有後續報導，就像是船過水無痕，什麼都沒了。這讓我百思不解，這麼嚴重的校園性平事件，媒體怎麼完全都沒興趣追下去？實在是太詭異了。

張：後來你為什麼決定要寫？

陳：跟你有很大的關係啊。

張：真的？我完全不知道耶。

陳：剛開始聽你講案情的時候，我覺得你好理性，可以用那麼冷靜的語氣描述案件數量、受害人數、受害地點、老師的反應跟官方的回應，都沒什麼特別情緒起伏。後來大概是比較熟了，每次提到小孩的近況，你就會掉淚。我可以感受到你的不忍與痛心，這也讓我判斷學校的情況恐怕比我想像中要嚴重，也決定應該要把事情記錄下來。

張：我在跟史英討論要不要開記者會，我想說服他的時候，也是講到掉眼淚啊！

陳：第一次見到你掉淚，我是有點意外。等自己開始接觸當事人，慢慢進入他們的世界，就很能體會你的感受了，那種被侵犯的羞辱，被背叛的痛苦，那種不知所措的處境，無能為力的孤獨。有一次我們去政大演講，你突然提起珊珊的事，我一時情緒上來，很怕自己失態，只好趕快走到教室外面去深呼吸。

張：因為你看過小孩，接觸過當事人，感覺就跟只是看新聞很不一樣。

陳：我接觸他們的時候，事情已經發生一段時間，他們年紀也比較大了，所以情緒沒有那麼濃烈。你剛處理案子的時候，事情才發生不久，他們年紀又小，我可以想像對你造成的心理衝擊有多大。

張：所以你算是自投羅網，我不認識你，你就自己找上門來了。

陳：你那時候為什麼覺得我可以處理這件案子？你又不認識我。

張：這種案子很敏感，因為除了要接觸當事人，還要接觸他們的家人，所以有時候我們會擔心，如果要寫的人沒辦法關照到當事者的狀況，萬一出現了什麼不小心的舉動，搞不好會造成他們二度傷害。如果一直執意要去挖什麼，一直想辦法去探究，沒有注意到當事人能不能承受的話，可能會對他們造成很大的心理壓力。剛開始我是有這個擔心啦，我跟你聊過之後，那個擔心就沒有了。

陳：是什麼原因讓你消除了原來的擔心？

張：我不記得了耶。我自己的經驗是，有些記者會想透過我們跟當事人接上線，我都不願意，因為我很擔心他們只是想挖內幕，好讓他們的報導寫得出來。問題是這對當事人、對社會來講，到底有什麼意義？會不會對當事人造成傷害？這都是我們很擔心的部分。可能跟你談過以後，我就覺得很安心，至於為什麼覺得安心？我現在想不起來。不過事後證實，你在接觸家長跟小孩的過程之中，小孩真的都很喜歡你，也很願意跟你聊，家長也都很信任你啊！

陳：我知道你是擔心的。有次我要去採訪，你不太放心，主動說要跟我一起去。我覺得這樣也好，第一次跟當事人見面，如果你在場的話，他們應該也會比較安心。

張：性侵害事件很敏感，當事人對我們是全然的信任，我們也很怕辜負了這種信任。

陳：我是從採訪的過程中，慢慢瞭解你為他們做了多少，也明白他們是因為信任你而願意信任我。而且，我從他們口中聽了很多張主任的偉大事蹟。

張：喔？真的嗎？

陳：真的啊，我對你真的是佩服得五體投地。你既不是專業社工，也沒有公權力查案，可是你總是陪在小孩跟他們家人身邊，協助報案，主動調查，提供資源連結，讓他們知道哪裡可以申請法律或心理諮商……我覺得這些已經不是你分內的工作，而是你的人生使命了。

張：人本本來是在處理校園申訴案的，沒想到後來給人家的印象，都是在處理性侵案。

陳：很多人問我，為什麼南部校園性平案特別多？其實我不覺得是南部性平案特別多，是因為你人在南部，自己會去主動查案，人家也會主動跟你爆料，對吧？

張：經常有家長直接打電話指名找我，也有小孩小時候受害，長大以後直接來找我要做諮詢的，問說現在提告或走法律途徑，還來不來得及？我是有點意外啦，沒想到性侵害變成那麼龐大的業務。

關於孩子的創傷

陳：你為什麼覺得小孩很喜歡我？

張：他們都很願意跟你聊啊，跟你聊天他們都很開心，看到你也很開心，不是嗎？

陳：現在回想起來，當時我跟他們聊得最多的不是案情，而是他們在學校、在家裡發生了什麼事，例如在煩惱什麼、討厭什麼之類的，都是些瑣瑣碎碎，不是很重要的小事。可是他們好愛聊這些。

張：孩子都活在當下啊。

陳：對！外界誤以為他們每天都沉浸在痛苦裡面，永遠失去了快樂的感受，真的是很大的誤會。

張：他們都好樂觀喔，也很願意原諒人。不過曉光到現在都還不能原諒學校，以及那些打他、傷害他的人。他到現在還很恨學校，很想把學校炸掉，還有很多很多情緒，不時就會給我來訊一下。（立刻秀出手機上曉光傳的訊息）

陳：他現在幾歲了？

張：二十多啦。

陳：啊，已經這麼大了！

張：已經十多年了，開玩笑，我們接觸他的時候，他才小五耶。他現在每天開車上班，開的車比我的還好、還貴喔。

陳：他現在在做什麼？

張：他在工廠工作。

陳：我發現很多人，尤其是沒有接觸過受害者的人，常誤以為受害人二十四小時都沉浸在悲傷的情緒裡，實際上根本不是。

張：就是有一個迷思，對完美受害人的迷思。

陳：起初我常擔心自己一個不經意的眼神，一個不留心的語氣，就會讓孩子瞬間崩潰。事後證明是我多慮了，沒有孩子在我面前情緒潰堤過，一個都沒有，甚至有孩子跟我說，阿姨，我沒事，真的沒事，你不用擔心喔。我想，他們不是特別冷靜，他們必須想辦法與痛苦共存，好好地、堅強地活下去，沒有呼天喊地的本錢。你剛剛的說法我覺得很好，他們都是活在當下，反而是大人傷得比小孩還重。

張：對，大人會自責，後悔為什麼把孩子送到那間學校，很心疼他們啊！

陳：而且我發現他們爸媽知道的情節，跟實際狀況有很大差距。我們知道的恐怕比他們知道的還要多。

張：小孩不想讓父母擔心。

陳：我問過小孩為什麼不敢跟爸媽講？他們都說怕爸媽傷心。他們心裡很清楚，如果爸媽知道實情的話，恐怕無法承受這麼大的衝擊。

張：對。

陳：很難想像他們那麼成熟。

張：他們要顧慮的很多。他們不說，當然有考量到父母會傷心。

陳：會不會有一種可能是，爸媽很少跟他們談論跟性相關的話題，所以小孩一旦發生了跟性相關的事，自然就會選擇避而不談，怕爸媽不高興。他們會跟我們講，因為我們是外人，不像爸媽可能會指責他們，也可能會受到傷害。

另外，我覺得他們在講的時候都滿冷靜的，這點跟我原來的想像也很不同。他們當然偶爾還是會流露出難過的情緒，可是從跟他們談的過程裡，我總覺得那樣的傷害是可以修復的。他們還是會很開心呀，聊自己心愛的小貓小狗小兔子……他們的生命力好強韌！

張：像珊珊說她決定要原諒那個男生，因為日子還是要過下去……凱林也是啊，老是都笑瞇瞇的。凱林媽媽說，每次我們去家訪的時候，雖然凱林沒有辦法跟我們直接說，可是一直在我們身邊繞來繞去的。

陳：就是很想跟你們在一起。

張：對。雖然我們跟他不常聊天，可是我覺得他看得出來，我們是全然接納他的感覺，所以他也滿信任我們的。

陳：你覺得原因是什麼？

張：就是不會評價他們做了什麼吧。

陳：嗯，大概是這樣。有孩子偷偷跟我說，他現在喜歡某個人，很想跟對方交往。說真的，那時我心裡很擔心，可是同時心裡又有個聲音告訴我，不應該阻止他交朋友，青春期的少男少女，誰不想交朋友？雖然我心裡有疑惑，有擔心，可是最後還是接受他的決定，什麼都沒說。

張：其實講了也沒有用，人對愛的渴望是本能啊！

陳：可是爸媽或阿公、阿嬤不這麼想，他們總覺得孩子才剛出事，怎麼可以跑去交朋友？可是根據我自己的觀察，有些孩子還滿精的，感情上並沒有那麼容易被騙。

張：他們只是聽不到，智商都很正常啊。外面的人都會覺得聽障生就是智商比較差，都會自己去連結，事實上他們只是聽不到啊！

陳：我一直不懂，為什麼有那麼多人誤以為聽障等於智障？每次聽到別人問我，那所學校的學生是因為智障，所以才會做出這種事吧？我都不知道該說什麼。

張：就是……不瞭解吧。

陳：這些孩子之所以被欺負，是因為處於權勢不對等的關係，就像書裡提到夏威夷聽障學校的 ringleaders 的問題。他們不是不懂發生了什麼事，只是害怕、不敢抵抗，或是抵抗不了。

張：我處理性侵案很久了，一直到這個案子，我才很明確瞭解為什麼很多人說性侵害是一種權力的掌控，才特別能夠體會到權力這件事情。譬如書裡有講到蕭昭君老師的學生說，某個學姐因為討厭某個學妹，就叫別人去性侵學妹，這也是一種權力的展現；或者是一班沒幾個人，可是男生會排名誰是老大、老二、老三、老四、老五，這個排名就是一種權力的排名，老大叫底下的人做什麼，底下的人就不敢不聽話。性侵是一種權力的控制，它的本質是權力，這個學校的案子讓我對這個部分印象特別深刻。

陳：男對男的案子特別多，也是個值得注意的面向。外界一直很難理解為什麼男對男的比例那麼高，我認為這也證明了這些性平事件的本質是權力的掌控，而不是基於「性」的需要。

張：他們是要展現權力，展現他們的操控。

陳：對，必須瞭解了這點以後，才能更細緻地探討為什麼這所學校的性侵案層出不窮，很難完全控制。可是外界關於這點的討論不多。

張：他們對案子沒那麼瞭解。

陳：遺憾的是，就算是看過書的人也未必能掌握到這點。每次去演講碰到各種稀奇古怪、完全不是重點的提問，我都不知道該怎麼回應。有些問題明明書裡都已經講得很清楚了，他們好像都沒有看到，還是拚命問。

張：有可能啊，因為這個事件對他們來講已經太多震撼了，有些地方可能就會略過。

陳：或者是說，每個人都只想看自己想看的重點。例如我在書中提到〈公共論述、社會學習與基進民主〉那篇論文，我是真心認為這篇文章對於如何處理特教學校案子有很多啟發，非常值得借鏡。可是八年過去了，從來沒有人跟我討論過這點，一個都沒有，所有的討論還是繞著特教學校、特教生、老師個人的責任之類的問題打轉，我覺得好可惜。

關於大人的創傷

陳：在接觸當事人的經驗裡，我發現爸爸媽媽，還有調查案子的老師，甚至包括你，你們對事件反應的情緒張力，似乎遠比小孩要高得多，創傷的深度似乎也更為強烈。相形之下，小孩子好像比較容易釋懷，為什麼？

張：這些案子裡大部分是同學對同學，彼此都是認識的人，很熟悉，從小就都玩在一起，他們很容易原諒同學做了不該做的事。再來就是同學雖然有傷害他們的時候，可是也有開心玩在一起的時候……那種感覺是很複雜的。

陳：我剛開始也很難理解，為什麼他們願意原諒加害人？還可以跟他們繼續當朋友？或許就像珊珊說的，因為日子還要過下去……

張：為什麼他們沒有辦法抗拒那些傷害？因為在這種強凌弱、眾暴寡的權力關係之下，如果得罪了有權力的人，對方可能會叫其他人都不要理你，一旦所有人都不理你了，你就很難在學校裡生存下去了。你想想看，一個小孩在這所學校從小學、國中、念到高中，在這裡十二年，萬一大家都不理你了，怎麼辦？依照佛洛姆的說法，人是很孤單的，必須追求群體的肯定，必須要跟群體在一起，被孤立是很可怕的事。所以他們被威脅了也很害怕，萬一老大叫別人都不要理我，怎麼辦？他們很難想像自己沒有朋友了，將來在這裡該如何自處？我覺得很多小孩都有這種壓力。

陳：一般學校也有這種情況嗎？我自己是覺得聽障小孩的生活確實比較封閉。

張：多少有吧。不過聽障圈特別小，人際關係非常緊密。

陳：所以會特別害怕沒有朋友？

張：對。尤其住校的小孩感情又更緊密，每天吃住念書二十四小時都在一起，感情比家人還要親近，所以在這種情況下會對學長，或是自己班上比較老大那型的人就會心生畏懼，畏懼自己被孤立。

陳：我印象最深的是，有個同樣被欺負的小女生跟珊珊說，再忍一忍，等我們忍到畢業之後，就沒事了。

張：對啊，她們以為只要畢業了，就安全了。

陳：兩個小女孩的對話居然是這樣，唉。

張：我覺得最可惡的是，學校明明知道這兩個小孩是好朋友，還故意在升高中的時候把她們拆散，讓她們分到不同班級，很誇張，還逼其中一個受害人轉學！

雖然學校對他們這麼無情，這麼冷酷，這些已經自顧不暇的孩子還是展現了愛的能力。有孩子跟我說：「同學轉到國中聽障班跟不上進度，他說很害怕，你可不可以幫他？」另一孩子在我們去家訪的時候說：「你們可不可以去找某某同學，否則他會死！」當我知道他們兩個都是嚴重的受害人，都曾經想要尋死，兩個人卻相濡以沫、互相打氣，熬過最難熬的日子時，我覺得看到了最珍貴的人心！

陳：擔心沒朋友這件事，在曉光身上非常明顯。

張：對，他非常擔心沒有朋友。

陳：我原來也不太能理解，怎麼會因為擔心沒朋友而忍耐被欺負？

張：他從小就越區到這裡念書，跟自己家附近同年齡的小孩是沒有交集的，認識的朋友全都在這個學校。後來學校為了逼他轉學，故意不讓他住宿，可是他還是想留下來，堅持通勤也要去學校。他每天四點多起床，先騎腳踏車到火車站，坐五點多的區間車，再搭六點多的校車去學校，冬天也是耶，每天通勤的時間要花將近三個小時，每天這樣來回，回到家都已經很晚了。可是他還是堅持每天去上學，因為他能夠對話、溝通的對象，就只有這裡的同學了，沒有其他朋友。

陳：每次想到曉光，我總是特別難過。居然有小孩子因為擔心沒有朋友，寧可忍受老師的責罵，以及可能被害的風險，也要待在學校。

張：曉光跟我說，這所學校的管理很軍事化，他很討厭，也很生氣。他小一是念一般學校，他說那時學校老師只會罵人，可是這間學校的老師會打他。

陳：記得我問過他，宿舍學校老師打你，這樣你還要念？他說，沒關係啊，被打了？揉一揉就好了。再怎麼樣，他還是想去學校。

張：因為朋友都在那邊。他那個圈子就只有這些朋友啊。

陳：他們父子關係一直不夠親近，所以他也不太想待在家裡。

張：他爸爸一直沒辦法跟他好好溝通。曉光是很溫柔、很陰柔的男生，可是他爸爸是很陽剛的男人，兩個人沒什麼交集，也沒辦法好好溝通。

陳：我覺得曉光爸爸的創傷好嚴重。雖然他不太講，但是我看得出來，他是那種有話都擱在心底，什麼都不說的男人。

張：大人創傷一定會比較嚴重，因為大人會自責說，是我把孩子推進火坑，覺得都是自己害了小孩。耀華的媽媽就是這樣啊，她以為特教學校師資、設施都比較好，才會捨一般學校，讓耀華到特教學校念書。至於為什麼調查老師跟我們會有替代性創傷？我認為是當初在處理這些案件的時候，我們完全不曉得後續會走成那麼可怕的狀況，我們是毫無心理準備的。

陳：尤其是那兩個調查老師。

張：當初學校通報只是性騷擾，所以他們一直以為只是來調查性騷擾案。沒想到D老師的自然手語很流利，小孩子好不容易找到可以傾訴的對象，就拚命講、一直講。以前小孩想講的時候，學校沒有老師願意聽啊，現在終於有老師來問了，他們當然趁機把什麼事情都講出來。一旦講出來了，整個案件就一直開花，滾雪球一樣愈滾愈大。

我們如果心裡有準備要去面對一件很可怕的事，心理衝擊可能不會那麼大。可是我們所有人在處理這些案件之前，沒有人想到竟然會有那麼殘忍、那麼可怕的事情發生，所以對每個人的衝擊都很大。包括喬蘭也是啊，我每次去訪談之後把文字檔寄給她，她都說不敢看，覺得要看這些內容很有壓力。

陳：因為你們是真正在乎小孩的人。像D老師那麼認真查案，結果反而被學校其他同事排擠，我覺得他真的好慘。他好像已經提前退休了？

張：對，他太認真了。我覺得愈在乎小孩的人，替代性傷害可能就愈深。我自己的感覺是，所有性侵害的心理諮商除了受害人之外，還應該包括他的家人。按照現在《性侵害犯罪防治法》的規定，只有受害人可以得到政府心理諮商的協助，家人都沒有。可是根據我處理案子的經驗，很多時候家人的傷害並不亞於受害人。

陳：我同意。這也是後來我不敢跟爸媽聯絡的原因，擔心他們只要看到我，就會回想起這些不愉快的過去。

張：我覺得不會耶，他們看到你，應該會很高興吧。

陳：他們看到我，不就會想起那些陳年舊事，不會很痛苦嗎？

張：有沒有想到是一回事，那個傷口在那裡是一回事；不看到你，不表示那個傷口不在啊！

陳：看到我，不是刻意把傷口掀開來嗎？

張：他們可以感受到誰是真的關心小孩啦，所以我不覺得你再去跟他們接觸，會讓他們有傷口被掀開來的感覺。對父母親來講，他們有時候會想找人講這件事，往往找不到對象，可是我們都是他們信任的人，所以我們的出現，可以讓他們很放心地講這些事。他們不見得不想講，只是找不到人可以講。

我之前陪受害人去做筆錄，我會問他現在感覺怎麼樣？因為我很擔心警察問問題的時候，不太懂得照顧他們的心情，所以陪同的時候有點膽顫心驚。可是我清楚記得有個受害人跟我說，他覺得一顆大石頭壓在胸口二十年，現在終於可以放下來了。

所以啊，講出來很重要。

陳：好吧，是我想太多了。你會不會覺得受害人的爸爸跟媽媽，他們的反應不太一樣？

張：會。

陳：為什麼？

張：以受害人是男生來說的話，他們要出來求助的困難度，會比女生要困難很多。澳洲皇家兒童性侵調查報告就提到，一般來說，受害男生要講出來，要比受害女生講出來得多花四年的時間。至於爸爸的反應為什麼跟媽媽不一樣？因為爸爸比媽媽更不容易說出來自己兒子受害，他們會覺得男生被性侵很丟臉，他們比較沒有辦法接受。

六、七年前有個爸爸打電話給我說，九年前他的小孩念小三的時候被球隊教練性侵。他說提告時間快到期了，問我現在如果出來告，告不告得成？他以為性侵害的追訴期是十年，其實修法以後是二十年，所以他在九年半的時候來問我。我隔天下午就去他們家家訪，茶几上一疊剪報，都是他辛辛苦苦蒐集了九年、所有師對生性侵害的新聞剪報，男對男或男對女的都有。他為什麼要這麼做？因為他想讓兒子知道，這種事不只是發生在你身上，這絕對不是你的錯。

這個小孩的心理發展跟學業成績都很好，後來還考上臺大研究所，因為爸爸很坦然面對這件事情，讓兒子很清楚知道這不是他的責任，所以讓事件對兒子的傷害降到最低。但是這個爸爸很自責，一直覺得是他害了兒子，因為他很鼓勵兒子參加球隊。那時整個球隊沒有一個小孩倖免，有的爸爸是鄉民代表，有的爸爸是警察，有的爸爸是國稅局公務員，統統不願意提告，只有這個小學畢業的爸爸主動說要告。後來學校的解決方法是解散球隊，校長提前退休走人，整件事情就像船過水無痕，什麼都沒有了。從這個事件你就會知道，如果男生受害想出來提告，爸爸自己那關都很不容易過，因為覺得兒子受害很丟臉。

陳：我自己的觀察是，小孩修復狀況的好壞，跟家長的支持有很大關係。

張：對，家長的接納跟支持，對小孩的復原很重要。家長如果願意幫孩子討公道，很坦然去面對這件事情，會讓孩子不會有羞恥感，或是自責。有些受害人會覺得都是自己的錯，有些受害人會覺得發生這種事情很羞恥，如果家長願意站出來替孩子討公道，會讓孩子知道這不是他的錯。

陳：我覺得支持小孩是一回事，要不要站出來透過法律途徑討公道，則是另外一回事。以前我一直認為被害人出面指控，絕對是值得鼓勵、是增能的表現，現在我不那麼確定了。尤其看見被害人困在冗長的司法程序裡的痛苦，有時候我也會想，就算保持緘默，選擇隱匿，這也是他們的權利啊。站出來揭露真相，或許能得到正義，若是無法、或不願說出真相，也該得到絕對的尊重。沒有人能預測說出來的結果會是什麼？別人會怎麼想？哪些人會支持？哪些人會不同意？既然沒有人知道後果，當事人決定怎麼做，外人無庸置喙。

張：我所謂的「討公道」就是說出來，然後請學校走一定程序。我所謂的「沒有討公道」，就是把案子吃掉、隱匿，這對孩子來說其實是一種暗示，會造成很多傷害。

陳：有很多大人，甚至當事人自己爸媽都會跟小孩說，不要再講了、忘了吧。這對小孩來說會造成深不可見的傷害，可是爸媽自己未必知情。要求他們噤聲不語，其實是滿殘忍的事。

張：他們以為這樣是對孩子好，可是以我們的經驗，那是在暗示孩子，發生在你身上的事是羞恥的，是不能讓人家知道的，小孩就很容易覺得一定是自己做錯了什麼，這種事情才會發生在我身上。父母坦然面對是很重要的，而不是把它隱匿下來。這真的是我接觸那麼多案子的感覺啦。

陳：不只是爸媽，很多外人也這麼覺得，以為說出來反而會對小孩造成二度傷害。還有人當面指責我說，《沉默》的出版，就是造成小孩二度傷害的元凶，我只能揣測這是不理解受害人心理狀態產生的誤解。

張萍看到《沉默》的反應

陳：你第一次看到《沉默》書稿的感覺是什麼？

張：當然跟我預期不同。我很不爽，你知道嗎？為什麼不把那些老師的名字寫出來？如果是我寫的話，一定把所有校長、老師、主任名字全部都寫出來。就算監察院不能對他們怎麼樣，法院也不能對他們怎麼樣，我就用寫書來讓他們「萬古流芳」。所以第一次看到的時候，我很不高興，我覺得為什麼你不寫名字？每個人都要為自己所作所為負責任。我預期你是要寫出他們名字的。

陳：還有呢？記得你說過我修理學校不夠凶，太手下留情。

張：對，就是覺得你太客氣。

陳：要不要把涉案公務員的名字寫出來？這點我思考了很久，來來回回改了好幾次，始終猶豫再三。後來我問我自己，寫出名字，會怎麼樣？如果不寫，又會怎麼樣？最後我的考量是，如果寫出名字，讀者肯定會去「獵巫」，好像整間學校的問題就是出在那幾粒「老鼠屎」身上，所以只要嚴加懲處，把他們趕出學校，就天下太平了。可是，問題有那麼簡單嗎？當然不是。我們都很清楚，這所學校性平事件之所以會失控到這個地步，並不是少數幾個人的問題，而是整個學校組織的螺絲都鬆脫了，是整個教育體制長期對特教生權益的漠視，才會讓情況愈演愈烈，一發不可收拾。就算我具體點出失職的老師是哪些人，又怎麼樣呢？難道其他學校處理性平案件的模式就比較高明嗎？當然不是。我的另一本作品《沉默的島嶼》裡描述的其他四所學校在處理性平案件時，不也都是視而不見，聽而不聞嗎？那是整個組織陷入一種不可思議的散漫。如果把焦點放在個人疏失，就不容易看到長期存在於體制的弊病。我知道你對這樣的書寫策略並不苟同。對我來說，失職的老師固然很可惡，懲處對他們來說也不痛不癢，但是公布他們姓名的意義是什麼？監察院的彈劾文跟糾正文都找得到他們的名字，真正有心想要瞭解的人不會找不到。但是對大部分的讀者來說，知道或不知他們的名字，究竟有什麼差別？書寫《沉默》的目的當然是在究責，但我以為究責的目的不是在究個別老師的責，而是究體制、結構之責，也就是國家的責任，所以失職官員的名字我並沒有隱瞞。如果寫出個別老師的名字，我認為很容易讓讀者誤以為問題只出在少數幾個老師，反而會忽略了對系統性缺陷的關注。我知道你一直覺得我罵得不夠凶，我自己是認為我只是用比較委婉的方式評論，不過該批判的部分好像也沒有少。

張：可是就算你對老師那麼客氣，他們也完全不領情欸。

陳：我也沒有要他們領情啊。嚴詞批評或大加撻伐，好像不是我慣有的寫作風格。何況人本在這件案子上已經扮夠黑臉了，你覺得你們罵得還不夠凶嗎？我不需要再做同樣的事了。當然我有私心，希望這部作品除了描述事件始末，更能引起老師對性平事件的警醒，畢竟體制內的問題，只有體制內的人能夠解決，體制外面的人再怎麼關心，永遠只是狗吠火車，就算是拉布條抗議，效果仍然有限。所以我自期寫作時盡可能是站在「理解」的立場，點出老師處理性平問題時面對的困境與局限，而不是一味地批評而已。

張：可是你演講的時候還是很凶喔，罵老師也沒有很客氣啊！

陳：我應該是沒有用「罵」的啦，我還滿注意自己的用字遣詞，沒有人喜歡被別人劈頭就是一頓數落吧。罵人不是面對問題、或解決問題的好方法，至少我自己是這麼覺得。

張：我的想法是應該要留下紀錄。你的角色是旁觀者，跟我不太一樣。事發之後失職的校長被調去中辦，還自稱在「修身養性」的時候，我們在忙著家訪、陪小孩出庭、擔心諮商沒進來；教育部在公布懲處名單時還很不捨地說前校長眼眶泛紅的時候，惡意被學校退宿的曉光正冒著寒風騎腳踏車換各種交通工具，趕著搭一大清早的接駁校車，每天回到家已經萬家燈火了；學校算計著想以菜市場價終結國賠協議，大聲回罵我們說：「你們心裡才沒有小孩」的時候，孩子正飽受各式體罰、惡整、被逼轉學的痛苦；我們正擔心得睡不著覺的同時，這些人持續在說謊、卸責、抹黑……

陳：你自己是當事人，在現場跟他們交過手，我是後來才加入的觀察者，角色與立場自然不同，感受也肯定很不一樣。如果我是你的話，應該也會情緒滿滿，血脈賁張。

張：站在留下紀錄的觀點，我覺得這些都是實際發生過的事情，這些人都是公務員，都是領國家薪水的人，他們做過的事是可以接受公評的，每個校長、老師或主任，都應該為自己說過的話、做過的事負起責任，所以我才會覺得寫出來只是呈現事實而已。

陳：我覺得這些知情不報的老師，是不能以單獨的個體看待他們，他們代表的是一個團體、一個組織、或者說，代表教育體制，他們是複數，不是單數；公布了個別老師的名字，很容易成了孤零零的、無法與體制產生連結的個別的「壞人」，外界也會很容易捉著這些少數「壞人」窮追猛打。問題是他們真的是「壞人」嗎？就像我書裡提到的「路西法效應」、「邪惡的庸常性」，都是試圖在解釋他們保持沉默的原因，未必是個別的人的問題，而是與外在環境息息相關。遺憾的是，外界似乎並不在意這點，始終忽略了我想討論事件背後更深層、需要被關注的結構性問題。這不是我期待的後續效應。

張：瞭解。

陳：我大概是個瞻前顧後的人吧，不像你只要鎖定目標，就勇往直前，毫不退縮。這幾年我的作品圍繞著性、障礙、性侵等議題，我總是在思考，描述案情時要清楚到什麼程度？當然，被害人是一定要保護的，可是那些旁觀或知情不報的人要處理到什麼程度？

張：我們的差別在於我是在現場，那些對我來講是百分之百真實的，因為你不在現場，你還是隔了一層。

陳：有道理。

張：《沉默》出版以後的壓力，主要是在你這邊吧？

陳：你應該也有吧？

張：我這邊不會啊。

陳：外面不是說人本又在藉書炒新聞？

張：我們常常被罵，習慣了啦，這個不是問題。人家罵我們是家常便飯，不會因為這樣就被影響，我們也不會因為這樣有什麼壓力。

陳：起初你還託喬蘭跟我說，你覺得我把你寫得太好了，希望我不要把你美化得那麼厲害。我自己是覺得沒有刻意美化，只是描述我認識的你，你的付出，你的認真。當然，你也不是沒有缺點啦。

張：對啊！我脾氣那麼差是公認的。

陳：我很認真想過，這件案子如果不是像你這種鍥而不捨的個性，願意一鼓作氣奮戰到底，大概就被人遺忘了。尤其案子裡那麼多人事時地物無法清楚描述，必須有一個明確的主述者負責穿針引線，那當然就是你了。記得我回覆喬蘭說，請你跟張萍說，叫她「犧牲」一下啦。

關於出版之後的迴響

張：《沉默》出版之後，我覺得你的名聲一夕之間就毀了。對我來講，我反正早就被人家抹很黑了，就沒差。可是對你來講，你淌了這個渾水，一夕之間好像就黑掉了。

陳：《沉默》出版了以後，我才知道人本名聲真的很壞。好多人問我說，你為什麼要跟人本「混」在一起？好像我被你們帶壞了。

張：如果你知道我們名聲這麼壞，就不會跟我們合作了喔？

陳：這倒是不至於啦。我原本就知道人本名聲毀譽參半，但是真的不知道有那麼多人只要聽到「人本」，幾乎是本能的排斥。唉，怎麼會這樣？

張：你沒想到我們得罪那麼多人喔？

陳：真的，就是「人皆曰討厭」。

張：光是反對體罰這件事，大概就得罪了百分之八十的人了。

陳：《沉默》剛出版那陣子，每次有機關學校找我去演講，都會特別叮嚀說：只要講你觀察到的事情就好，不要提到人本。這對我來說很不可思議。這案子如果不是你們介入的話，早就無人聞問了，為什麼外界對你們有這麼多負面意見？

張：所以只有你碰到壓力，我們這邊完全沒有啊！

陳：很多人好心跟我說，你是不是被人本騙了？以為我聽信了你們的片面之詞。記得有一場新書發表會，某報記者當場嗆我：「你怎麼證明自己沒有偏聽？」那樣惡意的態度令我印象深刻。關於這點，我在新版後記裡做了說明。作為一個寫作者，我不可能只聽單方面的說詞，何況監察院、教育部的調查報告眼睜睜的鐵證如山，一再佐證了人本既沒有造謠，也沒有說謊，為什麼還是有人質疑我被你們騙？我想，他們應該沒有仔細看書中提供的資料與線索。

張：不是有人說《沉默》是抄韓國的《熔爐》？我覺得好好笑。

陳：談談讀者imet設立的「不再沉默」那個網頁吧。

張：我覺得他很讚欸。那個網頁做得淺顯易懂，讓整個事件的資訊在網路上流傳得很快，對後續的求償連署也有很大幫助。當初他是怎麼跟我們連絡上的？

陳：imet那時是臺大研究生，他是在誠品書店買了《沉默》，讀了以後非常震驚，很想做點什麼。他好像先看到人本做了一個網頁……

張：那個網頁很爛啊，沒有人要看，就只是一些資訊堆在那裡。

陳：他寫信問我是不是可以幫點忙，好讓更多人知道這件事，並問我可不可以引用書裡的內容。我當然是求之不得。那個網頁做得很好，錯綜複雜的事件經由他的整理，讀起來也簡單許多。

張：很容易看。

陳：對。後來推國賠求償活動，主要就是透過那個網頁進行宣傳，記得後來有四萬五千多人連署。

張：如果只靠我們自己的話，大概只能吸引到幾千人吧。他真的做得非常好。

陳：後來他好像是有點失望，總覺得自己可以做得更多。

張：可是我們並沒有失敗啊！最後監察院彈劾了十六個人欸，學校學生人數只剩下九十幾，原來有三百多個，因為大部分家長都不敢把小孩送去了。還有國賠的部分，總共成立了六件國賠，加上後續的修法，包含校園安全重新檢視，在很多地方其實是成功的耶。只是沒有達到百分之百我們想要改變的，例如學校裡的那批人沒有被換掉。

陳：我自己是聽過有人冷言冷語說：「那間學校是不可能改變的啦！你寫書一點用也沒有。」我很有自知之明，知道陳某人何德何能，不可能僅憑一本小書，就可以解決那麼複雜的問題。只是臺灣人普遍沒什麼耐性，只要出現任何社會問題，就希望政府限期改善，或是立刻提出解決之道。問題哪有那麼簡單？這不是「七年之病，求三年之艾」嗎？

還有一點讓我困惑的，是部分媒體及讀者的反應。他們經常問我說，既然你指出學校有那麼多問題，就要負責提出解決的辦法啊，如果你提不出對策，又有什麼資格批評別人做不好？面對這樣的質疑，我總是不知道該如何回應。他們是不是對我有不切實際的期待？我只是個寫作者啊！

張：他們可能不知道這個事情的困難度吧。

關於出版後個人的反應

張：不知道是不是《沉默》這本書，還是新聞報導的關係，後來經常有受害人直接來找我欸。

陳：我也是啊。原來我臉書帳號用的是本名，後來開始有受害人透過臉書找我，我就把帳號換了。

張：他們要找心理諮商師啦，你哪有辦法？

陳：是啊，可是面對他們的無助與無力，我有時還是不忍拒絕，可是又很擔心自己沒有能力處理他們的創傷。還有受害人直接跑到演講場合等我，想跟我談。

張：天啊。

陳：有一次參加研討會，有名坐在後方的男子神情特別專注，那麼哀傷的眼神，那麼絕望的表情，我想，應該是被害人吧。果然，趁著中場休息，他怯生生走向我，說，有時間聊聊嗎？我帶他走到場外無人一隅，沒有太多暖身或開場，他開始語無倫次、片片斷斷說起一段傷心的過往。他們有一種特別的模樣，我說不上來……我多半可以從聽眾當中認出他們來。

張：我比較少一根筋欸，我的觀察力好像沒那麼敏銳。

陳：所以你可以長年處理性侵案，像我就不行，情緒會一直累積。

張：你需要認識好的諮商師，然後轉介。

陳：可是每次我建議他們應該找專業人士，他們就說不用了，謝謝。

張：羅哲斯（Carl Rogers）說過，被理解是最好的治療啊。我覺得他們如果想說，而有人能夠聽，其實就夠了耶。只要讓他們覺得被理解，其實就夠了，也不見得要做什麼很積極的事情。

陳：有陣子我很害怕演講，就是這個原因。

張：因為你當下沒有準備好，並不知道會聽到這些。

陳：尤其在不認識對方的情況之下，很擔心自己的一言一行、一舉一動，會不會在無意中傷了對方？我很難判斷必須跟他保持什麼樣的距離？要說什麼？不要說什麼？而且我發現，通常來找我的受害者大部分是男性，不知道為什麼？

張：會不會是因為書裡面很多受害人都是男生啊？

陳：或許吧。會找你的，就不一定是男性居多喔？

張：不一定。

陳：最令我吃驚的是，《沉默》出版以後，我才知道身邊有朋友也有過被騷擾或被侵害的經驗。

張：所以性侵害的比例，其實比我們想像中還高喔？你的朋友為什麼會想跟你講？

陳：大概是看了書吧。

張：可見這種事情真的很難啟齒，因為你不知道對方的反應會怎麼樣？能不能接納你？是不是會有壓力？或是會不會有一些評價？

陳：我可以瞭解他們的猶豫。尤其是權勢性侵，就算講出來了，往往也沒人相信，所以他們都不會選擇說出來，更別說是出面提告了。

張：這也是很多被害人沒辦法講出來的原因。師對生的性侵害也是這樣，學生覺得沒有人會相信我，大家都只相信老師，所以就不說了。

陳：曾經有第一次見面的朋友告訴我她被嚴重猥褻，加害人算是有點名氣的人。我問她有沒有考慮提告？她說沒有具體證據，也很怕別人覺得她想蹭熱度，而且他們工作圈又多所重疊，就只好自認倒楣了。

張：這就是權勢性侵呀！通常會使用權力來侵犯別人的人，都是累犯，不會只有一個受害人。所以，如果受害人有敗訴的心理準備，有可能因為站出來，而召喚出更多其他的受害人站出來，就算案子不成立，可是別人的案子不見得會不成立。我的想法是這樣。

陳：不是每個人都這麼有勇氣啊，他們必須考量的因素太多了。

張：通常只要有第一個人站出來，後續就會有更多人站出來。就像〇〇國小案，也是三十年前受害的第一個人站出來以後，後面就有年紀比較小的受害人陸陸續續站出來了。第一個是最難的，可是他會召喚更多人出來。

陳：我對於是不是要積極走司法程序一直有很多疑惑。性侵非得是公訴罪不可嗎？

張：我的意思是說，如果他們有敗訴的心理準備，不見得想要勝訴的話。

陳：如果知道一定會敗訴，誰還會願意站出來？

張：所以為什麼會有#MeToo運動？「運動」就是不見得會勝訴啊！

陳：我們無法要求受害者都要以「運動」的角度思考該怎麼做吧？

張：這個部分就是尊重他們的選擇。

陳：司法判決的結果有多重要？每個人的考量不同，答案也不一樣。就我所知，大部分被害人寧願保持沉默，也不想出面興訟，除了有身分曝光的問題，他們是不是能承受一再被詢問的壓力，也必須考量進去。選擇法庭攻防必須付出很大的代價，這個代價不只是時間或金錢，我不確定是不是每個被害人都付得起。

張：所以就只能寫書了。說起來也是很意外，我突然變成一個辦性侵害案的人。其實人本主要是在處理體罰跟不當管教的申訴，沒想到後來性侵案竟然變成工作大宗。

陳：我現在被外界標籤是「專寫性侵」的寫作者，也滿意外的啊。我的人生怎麼會變成這樣？

張：你慘了你慘了。

陳：都你害的啦。

張：你就已經跳下去了，還能說什麼呢？

關於學校與教育當局後續的反應

陳：經常有人問我，現在特教學校的情況怎麼樣？還有沒有發生性平案？每次我回答不知道，對方的反應都是：「你怎麼可能不知道？」可是我是真的不知道啊。不知道你有沒有這樣的困擾？

張：對啊，你去問學校，學校也沒人理你。

陳：這也是外界對我們的誤解吧，以為我們有通天的本領，或是以為人本一直在關心跟處理案子，肯定就會知道後續的發展。有記者問我這個問題，我說我真的不清楚，他居然當場嗆我說，你怎麼可以這麼不負責任？

張：這是他的問題，又不是你的問題。
陳：如果人家問你：「張主任，請問現在這間學校的情況怎麼樣？」你會怎麼回答？
張：我會說，我追不到。
陳：為什麼追不到？為什麼不繼續追呢？
張：我又沒有公權力可以查案。
陳：那要有怎麼樣的公權力才能查案？
張：這個你可能要問教育部或立委。
陳：你們為什麼不問立委跟教育部呢？
張：問了也沒有人要理我們啊。
陳：我還常碰到一種狀況，就是中小學老師私下透露，他們想按照教學計畫上性平課，可是家長都反對，說，不需要，他們也很無奈。遇到這樣的狀況，你會建議怎麼做？
張：你就跟他講，曾經有一個老師說：「學校說要上性平課程，我都覺得幹嘛要上？我教好我的書就好了。沒想到，我的孩子也被同事性侵了……」你就跟他講這一句就好。
陳：這個好猛！
張：這是真的啊。

陳：我知道，臺中的案子，我在《沉默的島嶼》裡寫過。
張：嘿呀。
陳：根據我的理解，校長的支持與否，是處理案件是否得當的關鍵，所以我常說校長的態度，決定了學校處理性平案件的高度。過去有機會與中小學校長分享我所知道的性平案，除了描述案情之外，也會說說那些飽受創傷、無法平復的孩子及家長的感受。事後有好幾個校長跟我說，他們真的不知道這種事對當事人的人生影響那麼大。
張：你講這些，對他們來說收穫很大呀！
陳：我也碰過有校長一直強調：「陳小姐，你知不知道處理性平案有多麻煩？」奇怪了，麻煩就不用處理了嗎？
張：唉。
陳：老師處理性平案的態度很消極，可能是沒有接觸過受害小孩，無法理解與體會那種撕心裂肺的感受，所以只是把性平案當作一般案件處理。如果他們透過我的作品、我的分享，能夠對當事人的處境多一點理解，應該或多或少會引發潛藏的惻隱之心吧。所以我一直不太願意用很強烈的字眼抨擊或控訴，「感動」或許會比「恐嚇」更有用吧？
張：可是你演講的時候，都嘛笑咪咪地在罵人好不好？

陳：至少我是笑咪咪的呀！

張：你表面上看起來很慈善，其實都在罵人哦，可是那些老師被罵得很開心。

陳：有嗎？這算是我的本事嗎？哈哈。

張：對呀，就很奇怪，同樣的話我講就不行，你講他們就可以接受。

事件爆發後十年來，改變了什麼？

張：案子今年剛好滿十年了，十年又三個月。（編按：對談日期為二〇二一年十二月）其實不管是法律，還有學校的環境，都有改變。

陳：任何社會變革都是需要時間的累積。

張：在這個事件之後，教育部有再花力氣去研發有關特教的性平教案。

陳：至少有朝這個方向努力。

張：對，學校空間的改變是最容易的，可是教學就比較困難了。當然還包含老師性別意識的提升，我覺得是滿重要的。整體來說，我覺得是有進步啦。

陳：曾經有老師跟我說，《沉默》出版以後，他們都會特別注意性平案件處理流程，也一定依法辦理，不敢亂來了。不知道是不是真的？

張：我是覺得出書真的很重要。新聞過去就過去了，可是如果出了書，就不一樣了，它會一直留在那裡，會被看到。

陳：《沉默》剛出版的時候，很多人懷疑這件案子是假的，總覺得二十一世紀的臺灣還會發生這種事，簡直是太不可思議了。時至今日，好像已經沒什麼人質疑這件案子的可信度了，算起來，這也是一種進步吧？

張：改變很多啊。後來《教育人員任用條例》規定，只要涉及性侵罪遭到判刑確定的，終身不得再任教育人員，已任用者也必須解聘或免職。明知道學校發生疑似性侵案卻未依法通報或隱匿相關證據的，也會被解聘或免職。甚至修法裡面還包含教職員如果隱匿性侵害，導致後來又再發生的話要解聘。現在《教師法》也規定，曾經犯下性侵害判刑確定的人，以及知道發生疑似性侵害事件卻未依規定通報、或是隱匿別人犯罪證據的人，應該解聘……其實我們已經改變體制很多了。

陳：校園性平案的通報數有逐年增加的趨勢，也是個改變的指標。這代表過去視性（侵）是羞恥、見不得人的禁忌文化，已經逐漸在改變了。特教學校事件固然是悲劇，如果透過這件悲劇，讓更多人關心、進而瞭解這個議題，就已經達到我寫書的目的了。我們不可能杜絕校園性平案的發生，但至少可以盡量避免。這是一條漫長而遙遠的路，但仍值得努力嘗試。

特教學校性平事件大事記

人本教育基金會南部辦公室提供

二〇〇六年

5月 5日 婉柔媽媽致電A導師，A導師否認知情。

6日 媽媽到地方派出所報案。

10日 媽媽帶婉柔到人本求助。

15日 人本代家長要求學校依據《性平法》展開調查，B校長說已進入司法程序，學校毋須調查。

6月 25日 學校調查確認婉柔被性侵屬實。

二〇〇七年

4月 18日 大文被地檢署依法起訴。

9月 17日 地方法院宣判大文被處以二年六個月徒刑，家長不服提出上訴。

12月 14日 家長向學校提出國家賠償請求書。

二〇〇八年

1月 22日 學校來函稱婉柔國賠協調不成立。

25日 臺灣高等法院〇〇分院宣判大文有期徒刑三年。

二〇〇九年

4月 該校某導師強制猥褻女學生案，經人本強烈抗議後才予以解聘。

11月 6日 立法院通過《教師法》第十四條修正案，明訂教師涉及性侵，經性平會調查屬實，立即解聘，解決校園長期包庇性侵害老師的問題，其中附帶決議是：學校如果知情不報，主管機關要對相關人員處以大過以上處分，十一月二十三日實施。

二〇一〇年

3月 最高法院駁回大文上訴，維持高院三年有期徒刑判決。

8月 人本接獲家長投訴該校發生諸多管教不當事件。

9月 教育部增訂《公立高級中等以下學校校長成績考核辦法》第七條：「執行職務知有校園性侵害事件，未依規定通報」者，記大過。

10月　人本接獲家長舉報該校發生數起性侵案，張萍開始訪問家長及學生。

11月24日　人本拜訪學校，C校長表示學校已加裝監視器，且「家長已經道歉了，還要調查嗎？」

12月14日　陳節如立委邀集教育部中辦、特教小組及校方召開協調會，校方承諾將組調查小組進行調查。

16日　教育部召開性平委員會，主任委員為教育部長吳清基，中辦專案報告該校發生九件性平案。

二〇一一年

2月16日　高院宣判學校應賠償婉柔精神慰撫金、看護費及醫療費用共一一八萬六六六〇元。這是全國首件生對生性侵國賠判決。

6月3日　立法院三讀通過《性別平等教育法部分條文修正案》，規定學校任用教育人員或其他專職、兼職人員前，應該查核有無犯罪紀錄；若查有性侵害、性霸凌、性騷擾等行為，可予解聘或不續聘。

立法院三讀通過《性別平等教育法部分條文修正案》，規定學校任用教育人員或其他專職、兼職人員前，應該查核有無犯罪紀錄；若查有性侵害、性霸凌、性騷擾等行為，可予解聘或不續聘。

10日 陳節如委員、人本、教育部中辦及學校召開座談會（此時案件數已達五十一件），要求在半年之內解決問題。人本要求執行《特殊教育法》評鑑業務，中辦以「沒有特教評鑑指標」為由表示礙難執行。

15日 人本向教育部檢舉該校違法，教育部組專家調查小組進行調查。

8月 人本接獲學校性平調查報告，發現隱匿不報等諸多問題。

9月 人本獲知小學生畢業進入中學部校區就讀後繼續受害，決定召開記者會。

20日 中辦羅清雲科長致電請人本不要開記者會。

21日 人本召開「充耳不聞、視而不見、隱匿不報、見死不救」記者會，指控學校爆發一百二十八起性平事件。C校長反駁說：「只有七十一件，沒有人本說的那麼嚴重！」壹電視標題指出：「笨蛋，問題不在數據！」

23日 教育部長吳清基首度致歉，並稱C校長勇於任事。

人本與全家盟、勵馨、臺少盟、田秋堇立法委員召開「專業團隊盡快接管學校，小孩早日脫離煉獄」記者會，提出此案必須提高層級，要到行政院會層次列管。中午，吳清基態度轉變，將校長調離職務，由中辦專門委員代理。人事令發布後，聲暉理事長莫素娟及部分家長在學校召開記者會挺校長，批評人本及「不肖家長」別再亂了。

9月

26日　為了直接與地方媒體對話，人本至當地開記者會。地方記者質問數字問題，稱：人本是否掌握了學校不知道的案件而隱匿不報，社會局該對人本開罰。該校資深組長陳〇〇（曾任全國教師會特殊教育委員會主委，以及教育部特殊教育諮詢委員會委員、該校教師會長）出席以手語發言，接著質疑人本：「你們連手語都看不懂，如何協助調查全案？」又稱：人本新聞稿文字聳動，家長不敢送學生來讀，學校關門了怎麼辦？

主管特教業務的教育部中部辦公室副主任黃新發，獲教育部表揚為一〇〇年度優良特殊教育人員。

27日　教育部版調查報告出爐，詳列中辦及學校重大疏失；吳財順次長表示將協助受害家長聲請國賠，並向失職老師追討國賠金額。

29日　立法院教育委員會安排教育部長進行專案報告，吳清基三度感謝人本，但對於專家進駐學校一事不願回應。

10月

4日　教育部中辦發函要求該校教職員要遵守出勤規定。

17日　該校發布公告要求同仁不得私下串聯抵制監察院傳訊。

11月

15日　立院三讀通過《教育人員任用條例修正案》，只要涉性侵罪遭判刑確定者，終身不得再任教育人員，已任用者也應予解聘或免職。明知校內發生疑似性侵害事件，卻未依法通報、致再度發生者，或隱匿相關證據，也予解聘或免職，不得再任教育人員。

12月

6日 教育部公布懲處名單，除C校長被記過，中辦主任藍順德被記過兩次，但無人下臺。這也是教育高層官員首次遭到最嚴重懲處。

7日 行政院長吳敦義指示教育部應重新檢討師失職人員懲處是否過輕，但教育部仍維持原議，且受懲處教職員皆不服提出申覆。

14日 立法院院會三讀修正通過《教師法》部分條文，曾性侵害犯罪判刑確定的人，以及知道校園裡發生疑似性侵害事件，未依規定通報，或偽造、湮滅隱匿別人犯罪證據的人，應該解聘。

二〇一二年

1月

11日 人本赴臺北地方法院地檢署按鈴申告，告發吳清基和藍順德違反《刑法》第一百三十條「廢弛職務釀成災害罪」。

30日 人本代理五名受害家長提出國賠申請。學校想以「保證就學、就業」跟家長交換撤回，遭駁斥：「你們連我孩子就學安全都無法保證了，還能保證什麼？」

3月

16日 人本與田秋堇等立委召開「特教學校性侵案 教育部責任未了」記者會，指出學校未依《國賠法》在申請六十日內做出結論，更未通知教育部派員參與協商。教育部中辦副主任楊茂壽表示會督導學校召開國賠協議。

23日 第一次國賠協調會，學校稱沒有通報及管理上的疏失，並否認學校性平報告認定之事實，拒絕賠償；現場還找來教職員重新調查。沒想到隨車員當場承認在校車上看到兩次，E代理校長臉紅脖子粗、問不下去，結論卻稱國賠協議不成立。

4月 20日 總統府公布國家人權報告，專項說明該校集體性侵事件。

鄭麗君立委三度質詢教育部長吳清基，要求學校再度召開國賠協調會議。

5月 30日 第二次國賠協調會。該校律師說：「你們想的是學生，我在乎的是公務員。」

教育部修訂《校園性侵害性騷擾性霸凌防治準則》，包括第四條第二款：「前項第一款檢討校園空間與設施之規劃，應考量學生之身心功能或語言文化差異之特殊性，提供符合其需要之安全規劃及說明方式；其範圍，應包括校園內所設之宿舍、衛浴設備、校車等。」

6月 25日 第三次國賠協調會。E校長以「人本未帶當事人出席，及未能保證不向教職員求償」，不到半小時就草草宣布散會。人本主任張萍拍桌怒罵：「你心裡沒有小孩！」E校長回罵：「你心裡才沒有小孩！」

7月 16日 監察院調查指出有一百六十四起性平案，比教育部陳報給監院的八十七件及人本指出的一百二十八件還多；同時該院並通過彈劾中辦藍順德主任等十六人，創下歷年來彈劾人數最多紀錄。

23日 人本召開「彈劾不能成為空包彈」記者會，呼籲教育部立即解聘隱匿不報教職人員，並讓專家團隊接管學校。

8月16日　監察院提案糾正教育部、內政部、該特教學校以及臺南市政府。

30日　第四次國賠協調會，三案分別以一百一十萬、一百三十萬、一百五十萬達成協議，另兩案走司法訴訟，分別獲判一百四十萬及三十萬。

9月3日　人本按鈴控告教育部及學校教職員共三十二人「廢弛職務成災」及偽造文書。

10月　教育部開始依據《特殊教育法》規定辦理特教評鑑；並建置性侵事件追蹤管理系統。

11月7日　人本召開「國賠要徹底、國家要負責」記者會，提出訴求：必須向有疏失之教職員求償，不能由全民買單。

二〇一三年

4月　教育部同意「國賠處理小組會議」決議，不對首件國賠案的失職教職員進行求償。

8月　公懲會懲戒結果出爐，所有被監察院彈劾者只被輕懲甚或不受懲戒。

10月8日　人本與立委鄭麗君等召開「這件事情不能空轉！」記者會，抨擊公懲會功能不彰，且該校性平案還新增十三件，參與調查的老師被秋後算帳，要求教育部徹查。

21日　立委鄭麗君在立法院臨時提案，要求教育部在兩個月內組成專家團隊進駐該校。

11月 28日 立法院第八屆第四會期教育及文化委員會第十五次全體委員會議，蔣偉寧部長表示他「持續關注一切」，對於立委田秋堇質疑「為何失職公務員不用代位求償」，只說「一切依法辦理」；該校校長聲稱「張（萍）主任要求的事，學校都照做了，我們互動十分良好」，甚至未顧及隱私地說出某受害學生姓氏及現在就讀學校，現場譁然。

二〇一四年

5月 人本開始發動「特教學校性侵事件國賠求償」網路連署，並發函學校及教育部要求向失職者求償。

6月 18日 人本召開記者會「國賠要徹底，必須究責求償」。

30日 學校決議「不向相關公務人員求償」。

8月 尤美女立委召開「國賠修法公聽會」要求國教署公布決議小組的成員、決策機制、法規，並公告決定不求償的事實、理由，提出求償案件的說明。雖然教育部顧問律師的法律意見書認為學校必須向失職人員求償，但學校說：那是教育部的意見，不是校方律師的意見。

9月 25日 連署破四萬人。人本將連署名單印出張貼於教育部圍牆，並召開「沉默的吶喊」記者會，要求教育部監督學校求償，不能讓全民買單。

10月15日 教育部發新聞稿表示：學校已於十月六日向法院提起全額求償訴訟。但教育部四位官員未在求償之列。

二〇一七年 人本直接上司法院網站查判決書，得知求償結果：兩件勝訴，三件敗訴。但不清楚實際執行狀況。

二〇二〇年

12月 立委范雲等要求教育部說明該校狀況，並於三個月內向教育及文化委員會提出書面說明。

二〇二一年

3月 教育部提出書面報告，依舊實問虛答。至於該校是否仍發生性平案，則隻字未提。

特教學校性平事件發生場域統計

校園		宿舍		校車		其他	
教室	14	寢室	19	座位	17	學生家	2
廁所	14	廁所	8	校車最後一排	13	老師家	1
校園角落	6	浴室	8	放置行李處	1	火車	1
樓梯	3	其他	15			地點不明	4
頂樓	1						
圖書館	1						
小計	39		50		31		8

總計　　共128件

資料來源：人本教育基金會南部辦公室

Voice

春山之聲　035

沉默

特教學校集體性侵事件（新版）

作　　者　陳昭如
總 編 輯　莊瑞琳
責任編輯　吳崢鴻
行銷企畫　甘彩蓉
封面設計　王小美
內文排版　藍天圖物宣字社
出　　版　春山出版有限公司
地址：11670 台北市文山區羅斯福路六段297號10樓
電話：02-29318171
傳真：02-86638233
總 經 銷　時報文化出版企業股份有限公司
地址：33343 桃園市龜山區萬壽路二段351號
電話：02-23066842
製　　版　瑞豐電腦製版印刷股份有限公司
初版一刷　2022年4月

定　　價　新臺幣380元

春山
Email　SpringHillPublishing@gmail.com
Facebook　www.facebook.com/springhillpublishing/

填寫本書線上回函

國家圖書館出版品預行編目資料

沉默：特教學校集體性侵事件／陳昭如作. -- 初版. -- 臺北市：春山出版有限公司, 2022.04
面；　公分. --（春山之聲；35）
ISBN 978-626-95859-5-3（平裝）

1. CST：性侵害　2. CST：學校安全

527.59　　111003974

All Voices from the Island

島嶼湧現的聲音